Bernd Wehren

Der Flüster-Führerschein

Für eine ruhige und friedliche Atmosphäre
in Klassenzimmer und Schule

1.–4. Klasse

Mit einem Klassensatz farbiger Führerscheine

Kopiervorlagen

Bildnachweis:

S. 58: Nobel: http://commons.wikimedia.org/wiki/File:AlfredNobel_adjusted.jpg

S. 59: Gandhi: http://commons.wikimedia.org/wiki/File:Portrait_Gandhi.jpg

S. 60: Dunant: http://commons.wikimedia.org/wiki/File:Jean_Henri_Dunant.jpg

S. 61: Mandela: South Africa The Good News / www.sagoodnews.co.za

S. 62: Maathai: http://commons.wikimedia.org/wiki/File:Wangari_Maathai_no_Brasil.jpg, Foto: Antônio Cruz/ABr

Hinweis:

Die beiliegenden Führerscheine können Sie
als Klassensatz unter der Bestell-Nr. 102 nachbestellen.

Wegen der besseren Lesbarkeit und Verständlichkeit wurde bei diesen Materialien auf die gleichzeitige Verwendung weiblicher und männlicher Personenbegriffe verzichtet und nur die männliche Form verwendet. Gemeint und angesprochen sind jedoch grundsätzlich beide Geschlechter.

Gedruckt auf umweltbewusst gefertigtem, chlorfrei gebleichtem
und alterungsbeständigem Papier

4. Auflage 2024

Illustration: Inka Grebner
Layout/Satz: PrePress-Salumae.com, Kaisheim
Druck: Rausch Druck GmbH, Aindlinger Str. 14, 86167 Augsburg

ISBN 978-3-95660-**096**-8

www.brigg-verlag.de

Inhalt

Figurentheater und Rollenspiele zur Vertiefung und Nachbereitung

Malen, nachdenken, spielen und zur Ruhe kommen

Kinderrechte, Kinderpflichten und Friedensvorbilder

Positive Veränderungen in Klasse, Schule und Freizeit

Einleitung

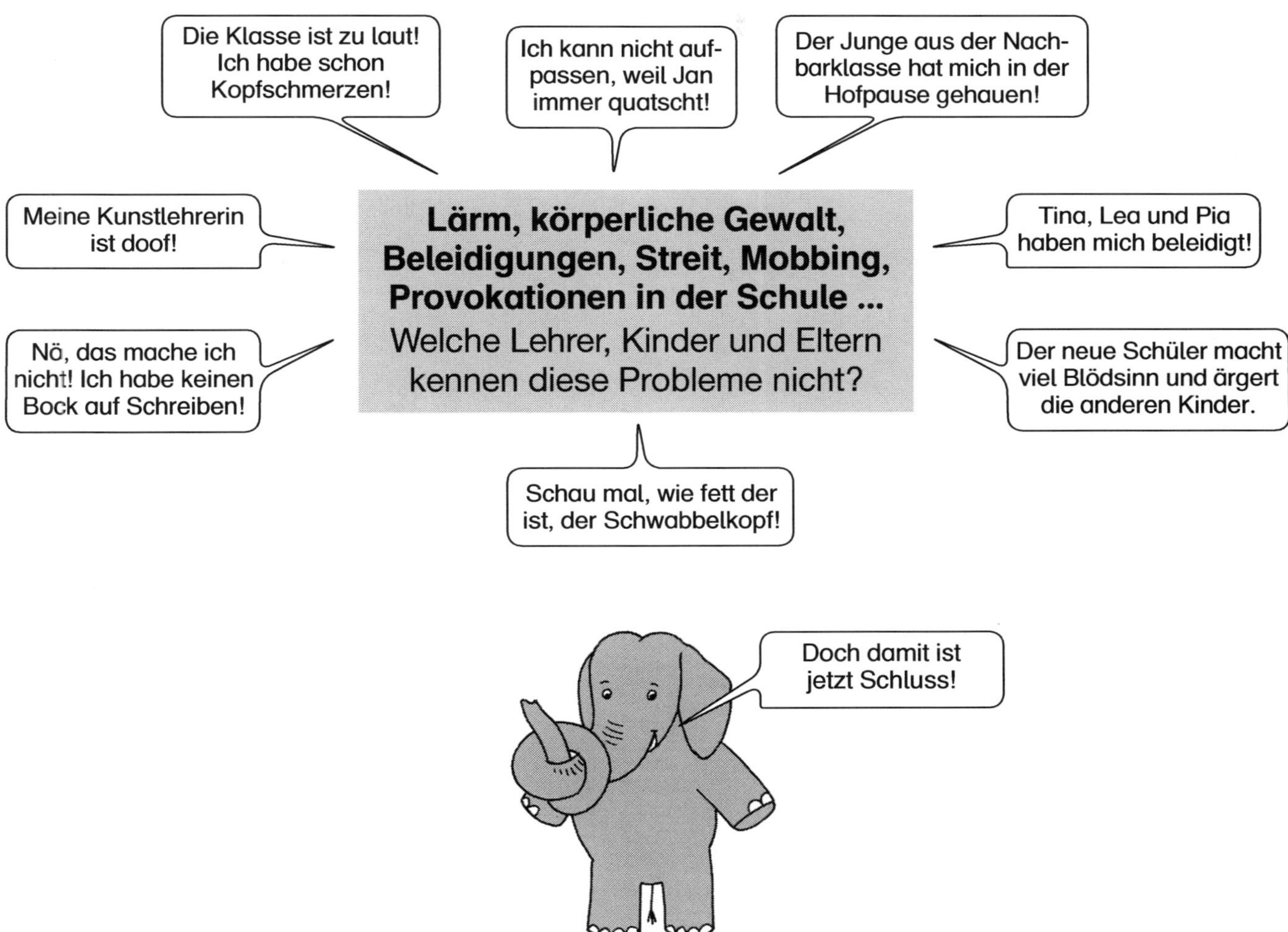

Schüler und Lehrer brauchen ein entspanntes Schulumfeld, um erfolgreich und mit Freude lernen zu können. Denn in der Ruhe und im friedlichen Miteinander liegt die Lern-Kraft!

Mit den Materialien dieses Bandes lernen die Kinder Schritt für Schritt aufzuzeigen, zuzuhören und nacheinander zu reden. Sie üben sich in der Still- und Flüsterarbeit und stellen sich zu zweit hintereinander auf. Sie erfahren einen gewaltfreien, friedlichen und freundlichen Umgang miteinander, lernen Streit zu schlichten und halten sich an die Schulregeln. Denn nur so ist eine ruhige und friedliche Atmosphäre in Klassenzimmer und Schule gewährleistet.

Damit sich der gewünschte Erfolg eher einstellt, ist es ratsam, die Eltern über den Sinn und Zweck des Flüster-Führerscheins zu informieren. So können die Erwachsenen ihre Kinder unterstützen und auch zu Hause Regeln für ein positives Zusammenleben gemeinsam besprechen und einführen. Dabei können die vorliegenden Materialien ebenfalls eine Hilfe sein.

„Der Flüster-Führerschein" beinhaltet Kopiervorlagen mit vielfältigen, handlungsorientierten Übungen für die Klassen 1 bis 4 und einen Klassensatz farbiger Führerscheine.

Für Erstklasslehrer ist es sinnvoll, nur die Bildergeschichten, Mandalas, Spielfiguren usw. zu kopieren – ohne den Text. Die Aufgaben können Sie den Erstklässlern vorlesen.

So können Sie die Kopiervorlagen und farbigen Führerscheine einsetzen:

- als Unterrichtsreihe „Miteinander in Ruhe und in Frieden lernen",
- in einem Projekt „Unsere Schule wird eine Flüster-Friedens-Schule",
- in der Freiarbeit,

- in der Wochenplanarbeit,
- im offenen Anfang vor Unterrichtsbeginn,
- in der (offenen) Ganztagsschule, z. B. als AG „Friedliches und ruhiges Spielen und Lernen",
- zu Hause als vorbereitende Hausaufgabe für die Flüster-Führerschein-Prüfung.

Alle **Kopiervorlagen** sind so konzipiert, dass sie Gesprächs-, Lese-, Mal-, Schreib-, Forschungs- und Spielanlässe rund um die Themen „Stille und Frieden" und „Lärm und Gewalt" bieten. Die Kopiervorlagen haben Zusatzaufgaben, um einem differenzierten Unterricht gerecht zu werden („Das kannst du auch noch machen"). Durch die entsprechenden Spiele-Karten können sie ergänzt werden. Das Heft mit seinen Übungen ist chronologisch zu den „Führerschein-Prüfungen" aufgebaut (vgl. Inhaltsverzeichnis „Flüster-Führerschein").

So können Sie genau die Kopiervorlagen vervielfältigen, die die Kinder zur Vorbereitung auf die Prüfung benötigen.

Die Kopiervorlagen ab Seite 31 sind eine sinnvolle Ergänzung des Flüster-Führerschein-Materials und können je nach Bedarf und Lernstufe eingesetzt werden:

- Vorurteile, Mobbing und „No Blame Approach"
- Figurentheater und Rollenspiele
- Malen, nachdenken, spielen und zur Ruhe kommen
- Kinderrechte, Kinderpflichten und Friedensvorbilder (Klasse 3/4)
- Positive Veränderungen in Klasse, Schule und Freizeit

Nach jedem erfolgreich bearbeiteten Arbeitsblatt dürfen die Kinder die Leitfigur „Freddy Flüster" unten auf der Seite farbig anmalen.

Jedes Kind erhält einen farbigen **Flüster-Führerschein**. Die Klasse bespricht die jeweiligen Flüster-Führerschein-Kriterien. Der Führerschein kann im Etui oder gesammelt in der Klasse aufbewahrt werden. Da Sie nur wenige Führerscheine hinsichtlich der Kriterien auf einmal kontrollieren bzw. abhaken können, sollten Sie unbedingt auch die „Klassenliste zum Abhaken der bestandenen Flüster-Führerschein-Prüfungen" (Seite 77) kopieren und griffbereit aufbewahren. Tragen Sie dort die Namen Ihrer Schüler ein und haken Sie bestandene Prüfungsteile ab. Haben einige Schüler z.B. die erste Prüfung bestanden, können Sie deren Führerscheine einsammeln, abhaken, datieren, unterschreiben und zurückgeben.

Kriterien für den Flüster-Führerschein

Bronze:

1. Aufzeigen und zuhören
2. Zehn Minuten Stillarbeit
3. Zu zweit in einer Reihe leise aufstellen
4. Keine Gewalt und keine Beleidigungen!
   Friedlicher und freundlicher Umgang!

Silber:

wie Bronzener Flüster-Führerschein (jedoch 15 Minuten Stillarbeit), dazu

5. Hefte, Bücher und andere Materialien schnell und leise ein- und ausräumen
6. Leise durch Klasse und Schule!
   Im Flüsterton mit Mitschülern arbeiten!

Gold:

wie Silberner Flüster-Führerschein (jedoch 20 Minuten Stillarbeit), dazu

7. Stuhlkreis und Tischumstellungen: Stuhl und Tisch leise tragen, hoch- und herunterstellen
8. Erklären: Gesprächs- und Verhaltensregeln und: Was tun bei Lärm und Gewalt?

Empfohlener Ablauf der Flüster-Führerschein-Prüfungen

1. Zuerst sollten Sie das Material zur Vorbereitung (Seite 8–12) für Eltern und Schüler kopieren und bearbeiten. Mit dem Fragebogen auf Seite 10 können die Schüler selbst vergleichen: Wie war mein/unser Verhalten vor der Arbeit mit dem Flüster-Führerschein-Material, wie ist es jetzt nach der Arbeit? Der Fragebogen dient also der Gesamtreflexion. Er sollte daher bereits vor dem ersten Einsatz des Materials von den Schülern ausgefüllt werden. Dann wird er wieder eingesammelt und aufbewahrt, damit er zum Schluss erneut ausgegeben und ausgefüllt werden kann.
2. Wenn Sie mit Ihren Schülern die Aufgaben zum Bronzenen Flüster-Führerschein (Seite 13–20) bearbeitet haben, können Sie die erste Prüfung durchführen. Kündigen Sie eine Prüfung stets an, damit alle Schüler – auch die verhaltensauffälligen – die einzelnen Prüfungen bestehen können. Die erfolgreich bestandene Prüfung bestätigen Sie im Führerschein durch viermaliges Abhaken, Datum und Unterschrift. Einige Tage später kann die zweite Prüfung stattfinden.

3. **Wie läuft eine Prüfung ab?**
   Zu Unterrichtsbeginn informiert der Lehrer die Schüler darüber, dass heute z.B. die „1. Bronzene Prüfung" stattfindet:
   „In den ersten beiden Stunden und in der ersten Hofpause überprüfe ich, ob ihr
   a) aufzeigt und zuhört,
   b) 10 Minuten in Stille arbeitet,
   c) euch zu zweit in einer Reihe aufstellen könnt und
   d) friedlich und freundlich miteinander umgeht.
   Ich werde in die Klassenliste eintragen, wer welche der vier Prüfungsteile bestanden hat. Alle Kinder, die alle vier Prüfungsteile schaffen, haben die gesamte 1. Prüfung bestanden."
4. Hat ein Schüler die ersten drei Prüfungen bestanden, bekommt er den Bronzenen Flüster-Führerschein. Für den Silbernen und Goldenen Flüster-Führerschein kommen jeweils zwei Kriterien dazu.
5. Es ist empfehlenswert, mit den verhaltensauffälligen Schülern stets Vier-Augen-Gespräche vor oder nach Prüfungen zu führen. Gerade diese Schüler brauchen Ihre persönliche Ansprache und positive Unterstützung.
6. Je nach Altersstufe, Sozialverhalten, Arbeitshaltung und Klassenklima müssen Sie entscheiden, über welchen Zeitraum eine Prüfung durchgeführt wird.

Hier meine Empfehlung:

1. und 2. Klasse
Bronzene Prüfungen: jeweils eine Unterrichtsstunde einschließlich einer Hofpause
Silberne Prüfungen: jeweils eine Doppelstunde einschließlich einer Hofpause
Goldene Prüfung: ein Schultag einschließlich der Hofpausen und Schulwege

3. und 4. Klasse
Bronzene Prüfungen: jeweils eine Doppelstunde einschließlich einer Hofpause
Silberne Prüfungen: jeweils ein Schultag einschließlich der Hofpausen
Goldene Prüfung: mehrere Schultage einschließlich der Hofpausen und Schulwege

7. Bieten Sie auch Nachprüfungstermine für Schüler an, denen z.B. nur noch ein Prüfungsteil bis zu einer bestandenen Prüfung fehlt (z.B. „10 Minuten Stillarbeit").
8. Neben den farbigen Flüster-Führerscheinen erhalten die Kinder zum Abschluss eine Urkunde mit „Freddy Flüster" (S. 78).

Viel Spaß und Erfolg mit dem Flüster-Führerschein wünscht Ihnen und Ihren Schülern

Bernd Wehren

Info-Brief mit Erziehungstipps für die Eltern

1. Besprechen Sie sich mit Ihrem Partner/Ihrer Partnerin, wie Sie Ihr Kind erziehen wollen. Schreiben Sie einen Erziehungsplan:
   a) Welche Ziele wollen wir erreichen?
   b) Wie wollen wir diese Ziele im Alltag umsetzen?
   Informieren Sie auch Ihre Verwandten darüber und besprechen Sie sich mit ihnen.
2. Loben Sie Ihr Kind, wenn es das gewünschte Verhalten zeigt (positive Verstärkung).
3. Helfen Sie Ihrem Kind bei kleinen Aufgaben oder Tätigkeiten und helfen Sie ihm dann, diese alleine zu erledigen: Zimmer aufräumen, Hausaufgaben machen etc.
4. Achten Sie auf eine positive Sprache und Körpersprache. Hierzu gehören: bitten, bedanken, anlächeln, anschauen, zuhören, nicken …
5. Benutzen Sie „Ich-Botschaften“: „Ich finde gut, dass …“, „Ich finde nicht gut, dass …“, „Ich bin der Meinung …“
6. Nehmen Sie sich Zeit, wenn Ihr Kind ein Problem anspricht. Versuchen Sie, das Problem durch ein Gespräch mit dem Kind zu lösen.
7. Bestärken Sie Ihr Kind, bei Problemen zu Ihnen zu kommen: „Du darfst immer zu mir kommen, wenn du ein Problem hast. Ich höre dir gerne zu und helfe dir. Zusammen schaffen wir das.“
8. Bei einem Fehlverhalten Ihres Kindes dürfen auch Sie Ihren Ärger äußern. Benutzen Sie „Ich-Botschaften“ und begründen Sie sachlich, warum Sie wütend sind. Beschreiben Sie klar und verständlich, was für ein Verhalten Sie von Ihrem Kind wünschen.
9. Sollte Ihnen eine Beleidigung „rausrutschen“, sollten Sie sich bei Ihrem Kind später unbedingt entschuldigen. Dazu gehört aber auch, nun sachlich zu erklären, was Ihnen warum nicht gefallen hat.
10. Unternehmen Sie etwas mit der Familie: Zoo, Flohmarkt, Radtour, Zirkus, Schwimmbad ...
11. Lassen Sie Ihr Kind so oft wie möglich a) mitentscheiden, aber auch b) zwischen einigen wenigen, von Ihnen angebotenen Möglichkeiten selbst wählen. So lernt es, Verantwortung für sein eigenes Tun zu übernehmen – mitsamt den Konsequenzen.
    Beispiel zu a): „Was sollen wir jetzt zusammen spielen?“, zu b): „Du kannst jetzt oder heute Nachmittag eine halbe Stunde am Computer spielen. Entscheide dich bitte.“
12. Gestalten Sie gemeinsam mit Ihrem Kind ein Plakat mit Familienregeln, einschließlich positiver und negativer Konsequenzen. Hängen Sie dieses Plakat für alle sichtbar auf. Das schafft für alle Familienmitglieder Sicherheit. Mögliche Regeln: Schlafenszeit, Hausaufgabenzeit, Spielzeit, Fernseh-/Computerzeit, …
    Und: Seien Sie – beide Elternteile gemeinsam – konsequent in Ihrem Tun gegenüber Ihrem Kind.

13. Vermeiden Sie Dirigismus (nur der Erwachsene bestimmt), Chaos und Beliebigkeit (durch Inkonsequenz oder Unsicherheit), Missachtung (durch Erniedrigung oder Bloßstellen), mangelnde Förderung, Überforderung und emotionale Kälte.

14. Zeigen und sagen Sie Ihrem Kind, dass Sie es lieb haben, so wie es ist.
Nehmen Sie es in den Arm, trösten und helfen Sie. Sprechen Sie ihm Mut zu.

15. Spielen Sie mit Ihrem Kind – am besten draußen an der frischen Luft.

16. Haben Sie Probleme? Dann sollten Sie sich Hilfe von außen holen. Das spricht für Sie!
Sie können auch die kostenlose **„Nummer gegen Kummer für Erwachsene“** anrufen: 08001110550.
Und hier die kostenlose **„Nummer gegen Kummer für Kinder und Jugendliche“**: 08001110333.
Dort müssen weder Sie noch Ihr Kind den Namen oder sonstige privaten Daten nennen.

17. Bei privaten Problemen oder Schicksalsschlägen ist es ratsam, den Klassenlehrer zumindest zu informieren. Dann können die Lehrer eher Verständnis für plötzliche Verhaltensauffälligkeiten aufbringen und bei Schulproblemen „über den Berg“ helfen.

18. Seien Sie bitte freundlich und sachlich, wenn Sie mit Lehrern über Ihr Kind sprechen – auch Lehrer sind Menschen mit Herz und Seele. Sie bemühen sich, Ihr Kind nach bestem Wissen zu erziehen. Ein nettes Wort oder ein Lob tut auch Lehrern gut.

19. Ihr Kind bereitet sich zurzeit auf den „Flüster-Führerschein“ vor, für eine ruhige und friedliche Atmosphäre in Klassenzimmer und Schule.
Stellen Sie Fragen zu dem Thema und lassen Sie sich etwas zeigen. Ihr Kind wird sich über Ihr Interesse freuen und Sie bleiben im Bilde.

Flüster-Führerschein-Fragebogen

Name: ______________________________

Vorher-Datum: ______________ Nachher-Datum: ______________

1. Wie verhält sich deine Klasse im normalen Unterricht?	Vorher: 1 2 3 4 5 6 (Schulnoten) Begründung: ______ Nachher: 1 2 3 4 5 6 (Schulnoten) Begründung: ______
2. Wie verhält sich deine Klasse bei Freiarbeit, Wochenplan oder Gruppenarbeit?	Vorher: 1 2 3 4 5 6 (Schulnoten) Begründung: ______ Nachher: 1 2 3 4 5 6 (Schulnoten) Begründung: ______
3. Wie gehen die Schüler deiner Klasse miteinander um?	Vorher: 1 2 3 4 5 6 (Schulnoten) Begründung: ______ Nachher: 1 2 3 4 5 6 (Schulnoten) Begründung: ______
4. Wie verhält sich deine Klasse im Schulgebäude?	Vorher: 1 2 3 4 5 6 (Schulnoten) Begründung: ______ Nachher: 1 2 3 4 5 6 (Schulnoten) Begründung: ______
5. Wie verhält sich deine Klasse in den Pausen?	Vorher: 1 2 3 4 5 6 (Schulnoten) Begründung: ______ Nachher: 1 2 3 4 5 6 (Schulnoten) Begründung: ______
6. Wie verhalten sich deine Mitschüler dir gegenüber?	Vorher: 1 2 3 4 5 6 (Schulnoten) Begründung: ______ Nachher: 1 2 3 4 5 6 (Schulnoten) Begründung: ______
7. Wie verhalten sich die Lehrer dir gegenüber?	Vorher: 1 2 3 4 5 6 (Schulnoten) Begründung: ______ Nachher: 1 2 3 4 5 6 (Schulnoten) Begründung: ______
8. Wie verhältst du dich gegenüber Mitschülern, Lehrern und fremdem Eigentum?	Vorher: 1 2 3 4 5 6 (Schulnoten) Begründung: ______ Nachher: 1 2 3 4 5 6 (Schulnoten) Begründung: ______

Lärm-Situationen

1. Kennst du diese Lärm-Situationen? Erzähle.
   Gibt es Unterschiede?
2. Warum ist Ruhe für dich, deine Mitschüler und deine Lehrer wichtig? Erzähle.
3. Finde Lösungen für die Lärm-Situationen. Erzähle. Male oder schreibe sie auf.
4. Spielt einige dieser Lärm-Situationen nach – ohne und mit Lösungen.
   Was passiert? Wie fühlt ihr euch?

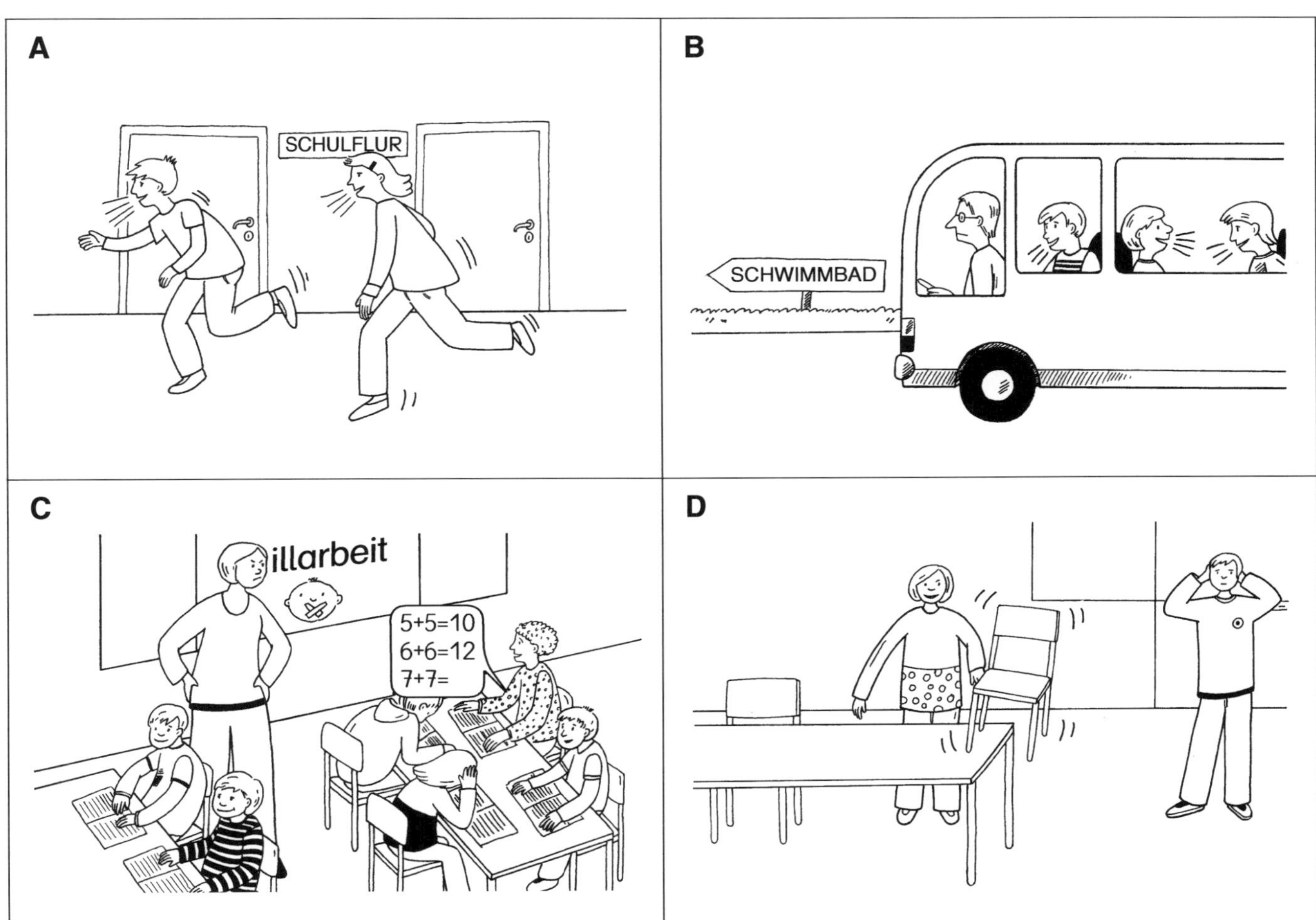

Fertig? Dann male Freddy Flüster an.

Das kannst du auch noch machen:

5. Male die Bilder an. Male weitere Lärm-Situationen in deine Mappe oder dein Heft. Male oder schreibe Lösungen auf.
6. Bewerte die Lärm-Situationen von 1 (= stören ein bisschen) bis 3 (= stören sehr stark). Vergleicht eure Bewertungen.
7. Malt ein „Kein Lärm, weil ...!"-Plakat für die Klasse, auf dem alle unterschreiben.
8. Schreibe und male eine „Lärm-Bildergeschichte".
   Sammelt alle Geschichten aus eurer Klasse und macht daraus ein Buch.

Gewalt-Situationen

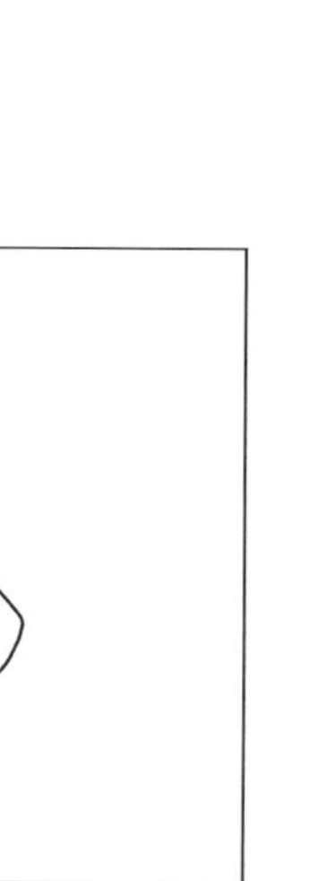

1. Kennst du diese Gewalt-Situationen? Erzähle.
   Gibt es Unterschiede?
2. Warum ist das Miteinander ohne Ärgern, Schlagen und Beleidigen für dich, deine Mitschüler und deine Lehrer wichtig? Erzähle.
3. Finde Lösungen für die Gewalt-Situationen. Erzähle. Male oder schreibe sie auf.
4. Spielt einige dieser Gewalt-Situationen nach – ohne und mit Lösungen.
   Was passiert? Wie fühlt ihr euch?

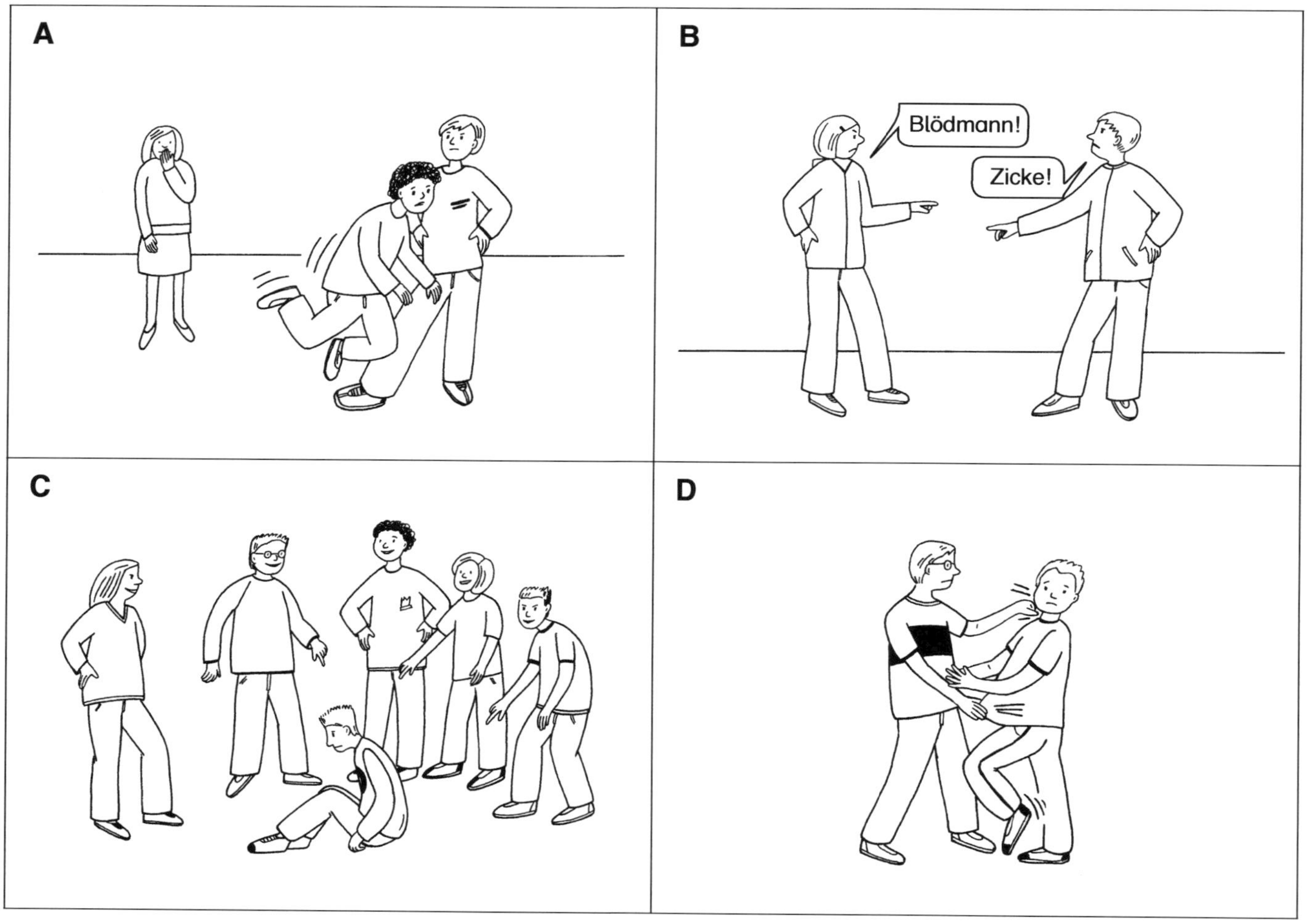

A

B

Blödmann!

Zicke!

C

D

Fertig? Dann male Freddy Flüster an.

Das kannst du auch noch machen:

5. Male die Bilder an. Male weitere Gewalt-Situationen in deine Mappe oder dein Heft. Male oder schreibe Lösungen auf.
6. Bewerte die Gewalt-Situationen von 1 (= leichte Gewalt) bis 3 (= große Gewalt). Vergleicht eure Bewertungen.
7. Malt ein „Keine Gewalt, weil ...!“-Plakat für die Klasse, auf dem alle unterschreiben.
8. Schreibe und male eine „Gewalt-Bildergeschichte“.
   Sammelt alle Geschichten aus eurer Klasse und macht daraus ein Buch.

Das Aufzeigen und Zuhören will geübt sein!

1. Erzähle, was du auf den Bildern siehst.
2. Male die Bildergeschichte an. Male sie weiter.
3. Spielt die Bildergeschichte mit verteilten Rollen nach.
4. Überlege dir eine Überschrift.
5. Schreibe einen Text zur Bildergeschichte in dein Heft.

Überschrift: ______________________________

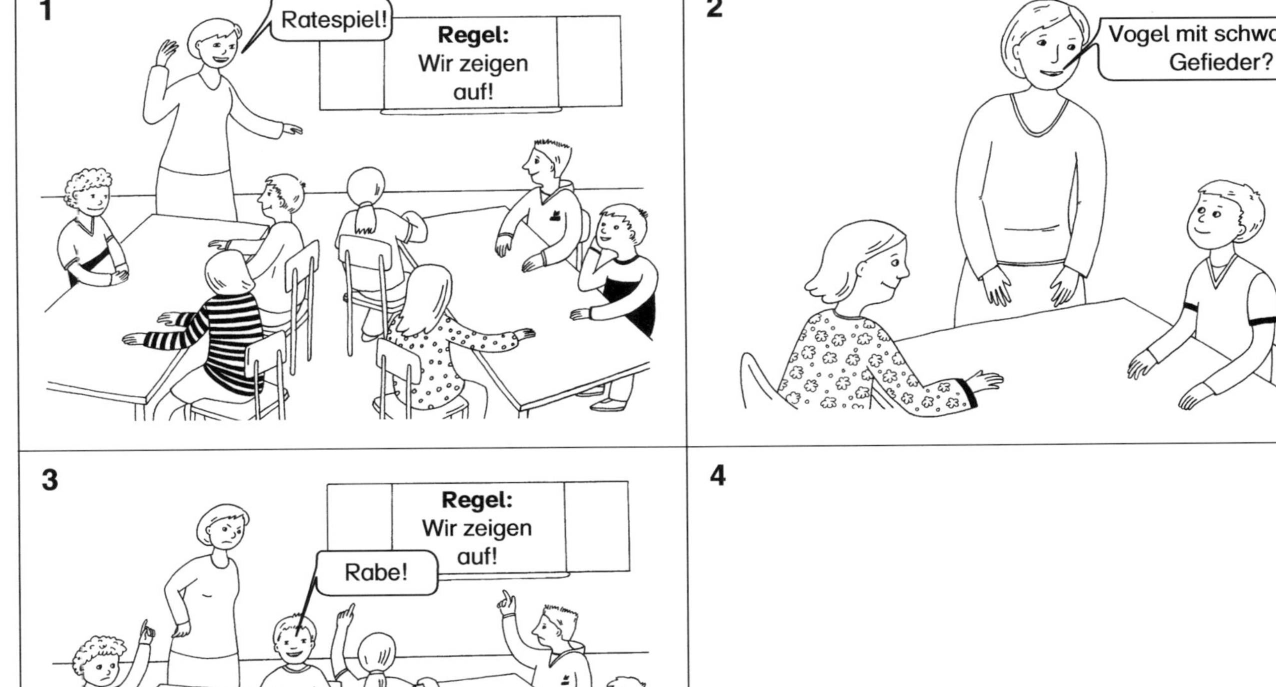

6. Aufzeigen, zuhören und nacheinander sprechen:
   Warum ist das für alle Schüler und Lehrer wichtig? Erzähle.
7. „Kleine Spiele“-Karte: Sucht euch ein Spiel (oder mehrere) aus, um das Aufzeigen und Zuhören zu üben.

Das kannst du auch noch machen:

8. Male eine eigene Bildergeschichte rund um das Aufzeigen und Zuhören.
9. Denke dir ein eigenes „Aufzeig-Zuhör-Spiel“ aus.
   Erkläre es den anderen. Spielt es miteinander.

⇦ zu Seite 13

Kleine Spiele, um das Aufzeigen und Zuhören zu üben

1. *Aufzeigen und Zuhören verboten!* Wer etwas sagen will, ruft in die Klasse. Sobald der Lehrer den Arm hebt, müssen alle Kinder wieder leise sein. Wie hat das funktioniert? Wie hast du dich dabei gefühlt?
2. *Mund zuhalten:* Halte beide Hände vor deinen Mund, wenn jemand redet. Du darfst nur aufzeigen, wenn niemand mehr redet. Wer nicht beide Hände vor den Mund hält, sobald jemand redet, scheidet aus.
3. *Blitz-Aufzeiger:* Bildet Gruppen mit 3 bis 5 Kindern. Das älteste Kind beginnt und stellt eine Deutsch- oder Mathe-Aufgabe (zum Beispiel eine Kopfrechenaufgabe). Das Kind, das als Erstes still aufzeigt, darf leise antworten. Ist die Antwort richtig, darf es eine neue Aufgabe stellen. Ist die Antwort falsch, dürfen alle weiter überlegen. Wer reinruft oder „laut aufzeigt", muss eine Runde aussetzen.
4. *Flüster-ins-Ohr-Spiel:* Der Lehrer stellt eine Frage. Die Kinder, die leise aufzeigen, dürfen ihm eine Antwort ins Ohr flüstern. Der Lehrer wiederholt laut, was geflüstert wurde.
5. *Finger-hoch-Spiel:* Jedes Kind schneidet die drei Wertmarken aus. Ruft ein Kind in die Klasse, ohne vorher aufzuzeigen und vom Lehrer drangenommen worden zu sein, muss es eine Wertmarke abgeben. Wie viele Wertmarken hast du noch nach einer Schulstunde (oder nach einem Schultag)?

3 Wertmarken = Super! Du bist ein Profi-Aufzeiger!
2 Wertmarken = Okay! Du bist ein recht guter Aufzeiger!
1 Wertmarke = Na ja! Das kannst du besser!
0 Wertmarken = Oje! Übe unbedingt das Aufzeigen!

Wertmarke **Finger hoch!**	**Wertmarke** **Finger hoch!**	**Wertmarke** **Finger hoch!**

zu Seite 15 ⇨

Kleine Spiele, um die Stillarbeit zu üben

1. *Stillarbeit verboten!* Bei einer schriftlichen Aufgabe musst du laut sagen, was du rechnest, schreibst, liest oder denkst. Sobald der Lehrer den Arm hebt, müssen alle wieder leise sein. Wie hat das funktioniert? Wie hast du dich dabei gefühlt?
2. *Der beste Stillarbeiter:* Du bekommst mehrere schriftliche Aufgaben und sollst nun rechnen, schreiben, lesen oder malen. Wer schafft es, 10, 15, 20, 25 oder sogar 30 Minuten still zu arbeiten?
3. *Stille Post:* Die Kinder sitzen im Stuhlkreis. Sie sind während des Spiels still. Das erste Kind flüstert seinem Nachbarn ein beliebiges Wort ins Ohr. Das geht so weiter. Das letzte Kind spricht das Wort laut aus – so, wie es das Wort verstanden hat.
4. *Fantasiereisen-Erfinder:* Jedes Kind malt ein Bild mit einem Luftballon. Im Hintergrund des Bildes muss man erkennen, wo der Ballon hinfliegt. Alle Bilder werden in der Klasse aufgehängt. Die Kinder setzen sich bequem hin und schließen die Augen. Der Lehrer erzählt nun mithilfe der Bilder die „Luftballon-Fantasiereise".
5. *Stillarbeit-Spiel:* Jedes Kind schneidet die drei Wertmarken aus. Stört oder redet ein Kind während der Stillarbeit, muss es eine Wertmarke abgeben. Wie viele Wertmarken hast du noch nach einer Schulstunde (oder nach einem Schultag)?

3 Wertmarken = Super! Du bist ein Profi-Stillarbeiter!
2 Wertmarken = Okay! Du bist ein recht guter Stillarbeiter!
1 Wertmarke = Na ja! Das kannst du besser!
0 Wertmarken = Oje! Übe unbedingt die Stillarbeit!

Wertmarke **Stillarbeit**	**Wertmarke** **Stillarbeit**	**Wertmarke** **Stillarbeit**

Das Stillarbeits-Training

1. Erzähle, was du auf den Bildern siehst.
2. Male die Bildergeschichte an. Male sie weiter.
3. Spielt die Bildergeschichte mit verteilten Rollen nach.
4. Überlege dir eine Überschrift.
5. Schreibe einen Text zur Bildergeschichte in dein Heft.

Überschrift: ______________________________

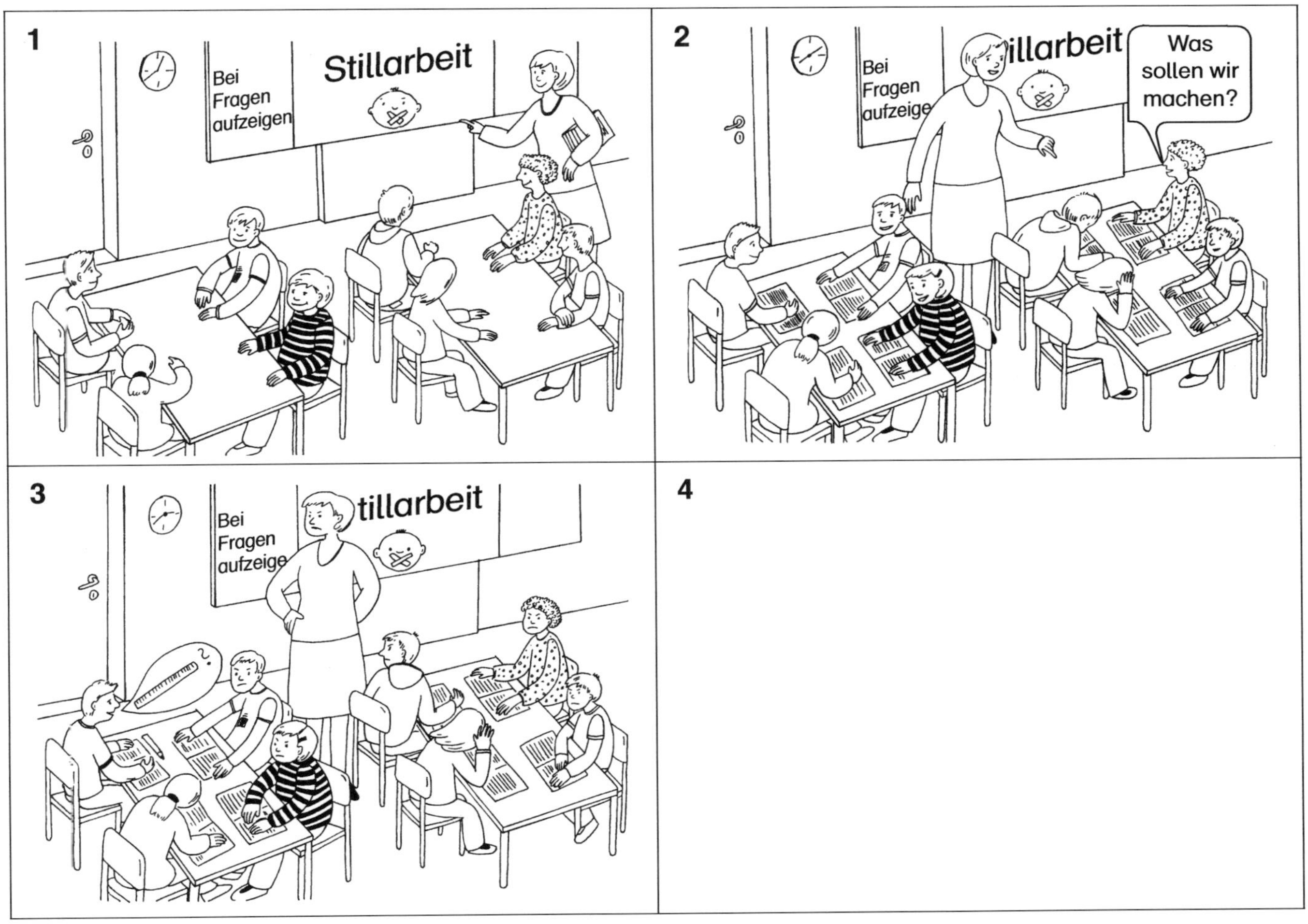

1

Bei Fragen aufzeigen

Stillarbeit

2

Bei Fragen aufzeige

illarbeit

Was sollen wir machen?

3

Bei Fragen aufzeige

tillarbeit

4

6. Stillarbeit: Warum ist es für alle Schüler und Lehrer sinnvoll, manche Aufgaben in Stille zu erledigen? Erzähle.
7. „Kleine Spiele“-Karte: Sucht euch ein Spiel (oder mehrere) aus, um die Stillarbeit zu üben.

Das kannst du auch noch machen:

8. Male eine eigene Bildergeschichte rund um die Stillarbeit.
9. Denke dir ein eigenes „Stillarbeits-Spiel“ aus.
   Erkläre es den anderen. Spielt es miteinander.

Coole Komplimente und warme Worte

1. Erzähle, was du auf den Bildern siehst.
2. Male die Bildergeschichte an. Male sie weiter.
3. Spielt die Bildergeschichte mit verteilten Rollen nach.
4. Überlege dir eine Überschrift.
5. Schreibe einen Text zur Bildergeschichte in dein Heft.

Überschrift: ______________________________

1

2

Warum stehst du im Weg? Dummkopf!

Aua! Pass doch auf, blöde Kuh!

3

Idioten! Hirnis! Blödmänner!

Ziegen! Doofis! Zicken!

4

6. Warum ist es für alle Schüler und Lehrer wichtig, höflich und freundlich miteinander umzugehen? Erzähle.
7. „Kleine Spiele“-Karte: Sucht euch ein Spiel (oder mehrere) aus, um Höflichkeit und Freundlichkeit zu üben.

Das kannst du auch noch machen:

8. Male eine eigene Bildergeschichte, die von Höflichkeit und Freundlichkeit handelt.
9. Denke dir ein eigenes „Freundliches-Miteinander-Spiel“ aus. Erkläre es den anderen. Spielt es miteinander.

Bernd Wehren: Der Flüster-Führerschein · Best.Nr. 096

⇦ zu Seite 16

Kleine Spiele, um Höflichkeit und Freundlichkeit zu üben

1. *Nur Schimpfworte erlaubt!* Beschimpft euch. Sobald der Lehrer den Arm hebt, müssen alle Kinder wieder leise sein.
   Wie hat das funktioniert? Wie hast du dich dabei gefühlt? Wie laut war es?
2. *Nur nette Worte erlaubt!* Sagt euch nur nette Worte. Sobald der Lehrer den Arm hebt, müssen alle Kinder wieder leise sein.
   Wie hat das funktioniert? Wie hast du dich dabei gefühlt? Wie laut war es?
3. *Ich packe meinen Koffer mit netten Worten:* Bildet einen Stuhlkreis. Ein Schüler beginnt und sagt: „Ich packe meinen Koffer und lege das nette Wort ... (beliebiges nettes Wort) hinein.“ Der nächste Mitspieler wiederholt den gesamten Satz seines Vorgängers mit all den netten Worten, die dieser genannt hat. Außerdem fügt er ein neues nettes Wort hinzu. Ein Spieler muss von vorne anfangen, wenn er die Reihenfolge der Worte vertauscht oder eins weglässt.
4. *Der freundlichste Brief der Welt:* Schreibe einen Brief an einen Mitschüler, Lehrer oder an die gesamte Klasse. Schreibe viele nette Worte und ehrliche Komplimente auf.
   Wer liest seinen Brief vor?
5. *Freundlichkeits-Spiel:* Jedes Kind schneidet die fünf „Freundlichkeits-Wertmarken“ aus. Ist ein Kind höflich und freundlich zu dir in den Pausen, gibst du ihm eine deiner Wertmarken.
   Wie viele Wertmarken hast du abgegeben? Wie viele Wertmarken hast du bekommen?

Freund-lichkeits-Wertmarke	Freund-lichkeits-Wertmarke	Freund-lichkeits-Wertmarke	Freund-lichkeits-Wertmarke	Freund-lichkeits-Wertmarke

zu Seite 18 ⇨

Kleine Spiele, um körperliche Gewalt zu vermeiden

1. *Zeitlupen-Kampf:* Zwei Schüler spielen einen Kampf vor der Klasse in Zeitlupe vor.
   Es ist absolut verboten, dem anderen dabei weh zu tun!
   Bei jedem „Treffer“ stoppen beide Schüler und der Getroffene beschreibt, wo er getroffen wurde, wie der Schmerz oder die Verletzung wäre und wie er sich nun fühlen würde.
2. *Rollentausch:* Zwei Schüler spielen einen Streit vor. Schüler A wird beim Spielen aus Versehen von Schüler B verletzt. Schüler A meckert B an und will ihn hauen.
   Genau in diesem Moment wird das Vorspielen angehalten und beide beschreiben, wie sie sich fühlen und was sie denken.
   Dann tauschen beide Schüler ihre Rollen und beschreiben aus der Sicht des anderen, was sie tun müssen, damit der Streit nicht gewalttätig wird.
3. *Auf einem Bein:* Zwei Kinder stehen auf einem Bein und versuchen, sich gegenseitig aus dem Gleichgewicht zu bringen, damit der Gegner das zweite Bein aufsetzen muss.
   Welche Regeln gelten?
4. *Über die Linie:* Zwei Schüler fassen sich bei den Händen und versuchen, den anderen über eine Linie zu ziehen (oder in ein Feld, in einen Reifen ...). Welche Regeln gelten?
5. *Stopp-Spiel:* Spielt eine Streit- oder Gewaltsituation nach. Übt, dem anderen sehr deutlich „Stopp!“ zu sagen, damit der aufhört.
6. *Eine Minute Beschimpfungen aushalten:* Bei diesem Rollenspiel dürfen nur freiwillige Schüler mitmachen, die älter und mutig sind. Sie setzen sich in die Mitte des Stuhlkreises und werden von den restlichen Schülern **nacheinander** beschimpft. Wer hält das eine Minute aus? Alle Schüler erzählen danach, wie sich gefühlt haben und was sie gedacht haben. Die freiwilligen Schüler werden schließlich mit Lob und Applaus bedacht!

Bernd Wehren: Der Flüster-Führerschein · Best.Nr. 096

Hauen ist blöd!

1. Erzähle, was du auf den Bildern siehst.
2. Male die Bildergeschichte an. Male sie weiter.
3. Spielt die Bildergeschichte mit verteilten Rollen nach.
4. Überlege dir eine Überschrift.
5. Schreibe einen Text zur Bildergeschichte in dein Heft.

Überschrift: ______________________________

1

2

3

4

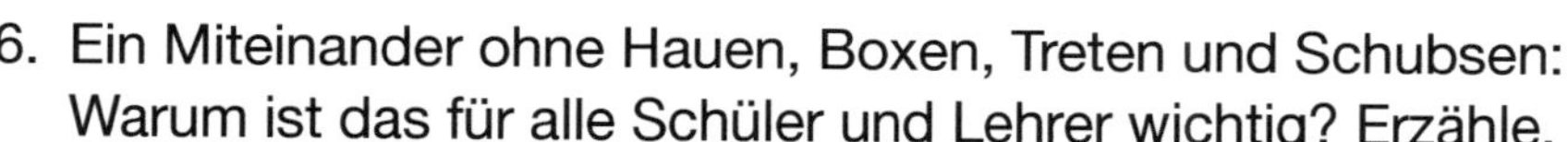

6. Ein Miteinander ohne Hauen, Boxen, Treten und Schubsen: Warum ist das für alle Schüler und Lehrer wichtig? Erzähle.
7. „Kleine Spiele“-Karte: Sucht euch ein Spiel (oder mehrere) aus, um körperliche Gewalt zu vermeiden.

Das kannst du auch noch machen:

8. Male eine eigene Bildergeschichte, die vom Hauen, Treten und Schubsen handelt.
9. Denke dir ein eigenes Spiel zum Thema „Keine körperliche Gewalt“ aus. Erkläre es den anderen. Spielt es miteinander.

Das „Zu-zweit-hintereinander-Aufstelltraining“

1. Erzähle, was du auf den Bildern siehst.
2. Male die Bildergeschichte an. Male sie weiter.
3. Spielt die Bildergeschichte mit verteilten Rollen nach.
4. Überlege dir eine Überschrift.
5. Schreibe einen Text zur Bildergeschichte in dein Heft.

Überschrift: ______________________________

1

Heute: Sport

2

3

SCHULE

4

6. Ruhig und geordnet hintereinander aufstellen und zu zweit gehen: Warum ist das für alle Schüler und Lehrer manchmal sinnvoll? Erzähle.
7. „Kleine Spiele“-Karte: Sucht euch ein Spiel (oder mehrere) aus, um das Aufstellen und das leise Gehen zu üben.

Das kannst du auch noch machen:

8. Male eine eigene Bildergeschichte rund um das Aufstellen.
9. Denke dir ein eigenes „Hintereinander-aufstellen-Spiel“ aus. Erkläre es den anderen. Spielt es miteinander.

⇦ zu Seite 19

Kleine Spiele, um das Aufstellen und das leise Gehen zu üben

1. *Einzeln hintereinander:* Stellt euch einzeln hintereinander auf. Ordnet euch zum Beispiel nach Größe, Alter, Haarfarbe oder nach dem Vornamen im Abc.
   Wer schafft das leise und schnell?
2. *Zu zweit hintereinander:* Stellt euch zu zweit hintereinander auf. Ordnet euch: zum Beispiel Junge mit Junge, Mädchen mit Mädchen, Junge mit Mädchen, Kinder mit gleicher Größe, nach der Anzahl der Geschwister.
   Wer schafft das leise und schnell?
3. *Schulhof-Schleicher:* Schafft ihr es, einzeln hintereinander oder zu zweit hintereinander leise über den Schulhof zu schleichen? Klappt das auch im Schulgebäude?
   Wer vordrängelt, schubst oder laut ist, muss sich nach hinten stellen!
4. *Häuserwand-Schleicher:* Schafft ihr es, zu zweit hintereinander über den Bürgersteig und an den Häuserwänden entlangzuschleichen? Die Lehrerin geht vor.
   Wer vordrängelt, schubst oder laut ist, muss sich nach hinten stellen.
5. *Die Super-Aufstell-Klasse:* Schafft ihr das?
   1. Die Kinder von jedem Gruppentisch holen nacheinander und leise ihre Jacken. Sie ziehen sie an und stellen sich zu zweit vor die Klassenzimmertür oder in den Flur.
   2. Schleicht nun zu zweit, leise und in Ruhe hinter der Lehrerin her durch die Schule auf den Schulhof.
   3. Auf dem Schulhof geht ihr eine Runde und haltet genug Abstand zu euren Vorderleuten.
   4. Auf dem Bürgersteig geht ihr flüsternd die Häuserwand entlang.
   5. Zuletzt schleicht ihr zurück und seid in der Schule besonders leise, auch beim Ausziehen der Jacken und Hinsetzen im Klassenraum.

zu Seite 21 ⇨

Kleine Spiele, um das Ein- und Ausräumen zu üben

1. *Schätz-Spiele:* Vermute und schreibe deine Schätzung auf. Wie viele Kinder haben alle Schulhefte dabei? Wie viele Kinder haben alle Bücher dabei? Wie viele Kinder haben ein vollständiges Etui? Wie viele Kinder haben keinen Müll im Ranzen?
   Überprüft nun. Wer hat am besten geschätzt?
2. *Der stillste „Ranzen-Ein-und-Ausräumer" der Welt!* Räume deinen Ranzen vollständig aus und wieder ein.
   Wer ist am leisesten? Wer ist dabei auch noch schnell?
3. *Hefte-Finder:* Ein Schüler nennt zum Beispiel ein bestimmtes Schulheft, ein Buch oder einen anderen Gegenstand aus dem Ranzen.
   Wer findet die Sachen am schnellsten und legt sie leise auf den Tisch?
4. *Etui-Aufräumer:* Nimm alle Sachen aus deinem Etui heraus. Räume dein Etui auf und ordentlich wieder ein.
   Wer ist der schnellste und ordentlichste Etui-Aufräumer?
5. *Ablage-Aufräumer:* Nimm alle Sachen aus deinem Fach und aus der Ablage unter dem Tisch heraus.
   Räume auf und ordentlich wieder ein. Wer ist der leiseste Aufräumer?
6. *Ranzen-Spiel:* Jedes Kind schneidet die drei Wertmarken aus. Trödelt ein Kind, holt es Hefte und Bücher laut aus dem Ranzen heraus oder fehlt Schulmaterial, muss es eine Wertmarke abgeben.
   Wie viele Wertmarken hast du noch nach einem Schultag (oder nach einer Schulwoche)?

3 Wertmarken = Super! Du bist ein Ranzen-Profi!
2 Wertmarken = Okay! Du bist ein recht guter Ranzen-Aufräumer!
1 Wertmarke = Na ja! Das kannst du besser!
0 Wertmarken = Oje! Unbedingt weiterüben!

Ranzen-Wertmarke	**Ranzen-Wertmarke**	**Ranzen-Wertmarke**

Der stillste „Ranzen-Ein-und-Ausräumer“ der Welt

1. Erzähle, was du auf den Bildern siehst.
2. Male die Bildergeschichte an. Male sie weiter.
3. Spielt die Bildergeschichte mit verteilten Rollen nach.
4. Überlege dir eine Überschrift.
5. Schreibe einen Text zur Bildergeschichte in dein Heft.

Überschrift: ______________________________

6. Ranzen ein- und ausräumen: Warum ist das leise Ein- und Ausräumen von Heften, Büchern und Mappen für alle Schüler und Lehrer wichtig? Erzähle.
7. „Kleine Spiele“-Karte: Sucht euch ein Spiel (oder mehrere) aus, um das leise Ein- und Ausräumen zu üben.

Das kannst du auch noch machen:

8. Male eine eigene Bildergeschichte rund um das Ein- und Ausräumen.
9. Denke dir ein eigenes „Ein-und-Ausräumen-Spiel“ aus.
   Erkläre es den anderen. Spielt es miteinander.

Auf leisen Indianersohlen durch den Klassenraum

1. Erzähle, was du auf den Bildern siehst.
2. Male die Bildergeschichte an. Male sie weiter.
3. Spielt die Bildergeschichte mit verteilten Rollen nach.
4. Überlege dir eine Überschrift.
5. Schreibe einen Text zur Bildergeschichte in dein Heft.

Überschrift: ______________________________

1

2

3

4

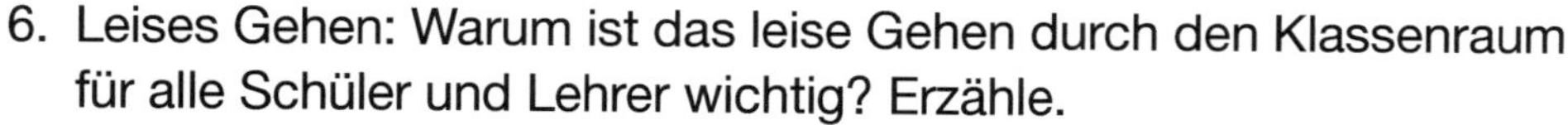

6. Leises Gehen: Warum ist das leise Gehen durch den Klassenraum für alle Schüler und Lehrer wichtig? Erzähle.
7. „Kleine Spiele“-Karte: Sucht euch ein Spiel (oder mehrere) aus, um das leise Gehen durch den Klassenraum zu üben.

Das kannst du auch noch machen:

8. Male eine eigene Bildergeschichte rund um das leise Gehen durch den Klassenraum.
9. Denke dir ein eigenes Spiel aus: „Auf leisen Sohlen durch den Klassenraum“. Erkläre es den anderen. Spielt es miteinander.

⇦ zu Seite 22

Kleine Spiele, um das leise Gehen in der Klasse zu üben

1. *Leise durch die Klasse gehen verboten!* Rennt durch die Klasse und kreischt dabei.
   Sobald der Lehrer den Arm hebt, müssen alle Kinder sofort stehen bleiben und wieder leise sein.
   Wichtig: Fragt vorher die Lehrer der Nachbarklassen, ob sie es erlauben.
   Wie hat das funktioniert? Wie hast du dich dabei gefühlt? Befragt auch eure Nachbarklassen.
2. *Auf leisen Indianersohlen:* Welche Kinder gehen am leisesten durch die Klasse?
   Wer schleicht leiser, ohne andere zu berühren: Jungen oder Mädchen?
3. *Ohren-Wächter:* Zwei oder drei Kindern werden die Augen verbunden. Sie verteilen sich in der Klasse.
   Die restlichen Kinder gehen vom Flur aus in die Klasse und versuchen, an den „Ohren-Wächtern" vorbeizuschleichen und sich auf ihren Stuhl zu setzen.
   Wer von einem „Ohren-Wächter" gehört und berührt wird, scheidet aus. Während des Spiels herrscht Stille!
   Wie viele Kinder erreichen ihren Stuhl?
4. *Die leisen Material-Holer:* Die Kinder eines Gruppentisches schleichen zu ihrem Fach, holen ihr Schulmaterial und setzen sich wieder auf ihren Stuhl. Nun ist der nächste Gruppentisch an der Reihe.
   Welcher Gruppentisch ist am leisesten? Schaffen es alle Kinder gleichzeitig?
5. *Der Klassenschleicher:* Ein Schüler steht vorne im Klassenraum, er ist der „Schleicher". Die anderen Kinder legen ihren Kopf auf die Arme und schließen die Augen. Der Schleicher versucht nun, zur hinteren Wand zu kommen, ohne gehört zu werden. Hört ein „schlafender" Schüler den Schleicher an sich vorbeigehen, „wacht er auf". Steht der Schleicher tatsächlich neben ihm, wird er abgelöst und der „aufgewachte" Schüler darf nach vorne. Hat sich der „Schläfer" vertan, bleibt er wach und still. Gelangt der Schleicher bis zur Wand, wählt er von den übrigen Schläfern den neuen Schleicher aus.

zu Seite 24 ⇨

Kleine Spiele, um das leise Gehen in der Schule zu üben

1. *Leise durch die Schule gehen verboten!* Rennt durch die Schule und kreischt dabei.
   Sobald der Lehrer den Arm hebt, müssen alle Kinder sofort stehen bleiben und wieder leise sein.
   Wichtig: Fragt vorher alle Lehrer, ob sie es erlauben.
   Wie hat das funktioniert? Wie hast du dich dabei gefühlt? Befragt auch alle anderen Lehrer und Klassen.
2. *Auf leisen Indianersohlen:* Welche Kinder gehen am leisesten durch das Schulgebäude?
   Wer schleicht leiser: Jungen oder Mädchen?
3. *Ohren-Wächter:* Zwei oder drei Kindern werden die Augen verbunden. Sie stellen sich im Flur im Abstand von mehreren Metern hintereinander auf. Die restlichen Kinder versuchen nun, an den „Ohren-Wächtern" vorbeizuschleichen. Die „Ohren-Wächter" dürfen nur seitlich nach links und rechts gehen.
   Während des Spiels herrscht Stille!
   Wer von einem „Ohren-Wächter" gehört und berührt wird, scheidet aus.
   An wie vielen „Ohren-Wächtern" kannst du vorbeischleichen?
4. *Schulspaziergang im Kopf:* Die Kinder sitzen bequem und schließen die Augen. Sie sollen sich in Gedanken zum Beispiel auf den Weg zur Schultoilette, zum Hausmeister oder zum Lehrerzimmer machen. Sie sollen den Hinweg langsam und leise gehen und den Rückweg schnell und laut rennen. Dabei sollen sie sich alle Stellen merken, wo es Probleme geben könnte. Wer angekommen ist, öffnet die Augen. Erzähle.
5. *Lob-Kärtchen:* Malt viele kleine Lob-Kärtchen und schneidet sie aus, zum Beispiel:
   „Du gehst langsam und leise durch die Schule! Super!" Verteilt die Kärtchen zu Schulbeginn, nach Schulschluss oder nach der Pause im Schulgebäude an die Kinder, die das Lob verdienen. Ihr könnt euch auch eigene Sprüche für die Lob-Kärtchen ausdenken.

Auf leisen Indianersohlen durch das Schulgebäude

1. Erzähle, was du auf den Bildern siehst.
2. Male die Bildergeschichte an. Male sie weiter.
3. Spielt die Bildergeschichte mit verteilten Rollen nach.
4. Überlege dir eine Überschrift.
5. Schreibe einen Text zur Bildergeschichte in dein Heft.

Überschrift: ____________________

1
SCHULE

2
SCHULREGELN
LEHRERZIMMER
15

3
KLASSEN-REGELN
BUMM!

4

6. Leises Gehen: Warum ist das leise Gehen durch das Schulgebäude für alle Schüler und Lehrer wichtig? Erzähle.
7. „Kleine Spiele“-Karte: Sucht euch ein Spiel (oder mehrere) aus, um das leise Gehen durch das Schulgebäude zu üben.

Das kannst du auch noch machen:

8. Male eine eigene Bildergeschichte rund um das leise Gehen durch das Schulgebäude.
9. Denke dir ein eigenes Spiel aus: „Auf leisen Sohlen durch das Schulgebäude“. Erkläre es den anderen. Spielt es miteinander.

Das Flüsterarbeits-Training (für Partner- und Gruppenarbeit)

1. Erzähle, was du auf den Bildern siehst.
2. Male die Bildergeschichte an. Male sie weiter.
3. Spielt die Bildergeschichte mit verteilten Rollen nach.
4. Überlege dir eine Überschrift.
5. Schreibe einen Text zur Bildergeschichte in dein Heft.

Überschrift: ______________________________

1

2

Gruppenarbeit
Wir
flüstern.

3

Gruppenarbeit
Wir
flüstern.

4

6. Flüsterarbeit: Warum ist es für alle Schüler und Lehrer sinnvoll, manche Aufgaben in Flüstersprache zu erledigen? Erzähle.
7. „Kleine Spiele“-Karte: Sucht euch ein Spiel (oder mehrere) aus, um die Flüsterarbeit zu üben.

Das kannst du auch noch machen:

8. Male eine eigene Bildergeschichte rund um die Flüsterarbeit.
9. Denke dir ein eigenes „Flüsterarbeits-Spiel“ aus. Erkläre es den anderen. Spielt es miteinander.

⇦ zu Seite 25

Kleine Spiele, um die Flüsterarbeit zu üben

1. *Flüstern verboten!* Bei einer Aufgabe musst du mit deinem Partner oder deiner Gruppe laut sprechen. Sobald der Lehrer den Arm hebt, müssen alle Kinder wieder leise sein.
   Wie hat das funktioniert? Wie hast du dich dabei gefühlt?
2. *Die besten Flüsterarbeiter:* Ihr bekommt mehrere schriftliche Aufgaben vom Lehrer, die ihr zusammen bearbeiten sollt: rechnen, schreiben, lesen oder malen.
   Wer schafft es, 10, 15, 20 oder sogar 30 Minuten in Flüstersprache miteinander zu arbeiten, ohne die anderen zu stören?
3. *Flüsterarbeit-Zuhörer:* Gruppe A schließt die Augen und unterhält sich im leisen Flüsterton. Gruppe B macht nun geheim verabredete Geräusche, zum Beispiel leises Klopfen, Pfeifen, im Etui kramen …
   Die Kinder aus Gruppe A flüstern weiter. Sie versuchen dabei aber auch, den Geräuschen von Gruppe B zu lauschen. Danach nennen sie die Geräusche, die sie gehört haben. Wann und warum hörten sie die Geräusche?
4. *Flüsterarbeit-Spiel:* Jedes Kind schneidet die drei Wertmarken aus. Stört ein Kind oder redet es während der Flüsterarbeit in normaler Lautstärke, muss es eine Wertmarke abgeben.
   Wie viele Wertmarken hast du noch nach einem Schultag (oder einer Schulwoche)?

3 Wertmarken = Super! Du bist ein Profi-Flüsterarbeiter!
2 Wertmarken = Okay! Du bist ein recht guter Flüsterarbeiter!
1 Wertmarke = Na ja! Das kannst du besser!
0 Wertmarken = Oje! Übe unbedingt die Flüsterarbeit!

Wertmarke	Wertmarke	Wertmarke
Flüster-arbeit	**Flüster-arbeit**	**Flüster-arbeit**

zu Seite 27 ⇨

Kleine Spiele, um das leise Tragen von Möbeln zu üben

1. *Die Möbelpacker:* Die Schüler **denken** sich viele verschiedene Möglichkeiten aus, wie sie ihre Stühle und Tische transportieren könnten. **Sie probieren ihre Vorschläge aber nicht aus!** Danach zeigen und erklären sie mithilfe des Lehrers ihre Ideen den anderen Schülern vor der Tafel mit einem Stuhl und Tisch.
   Welche Vor- und Nachteile haben die verschiedenen Möglichkeiten?
   Welche Tragemöglichkeit ist die beste?
2. *Der leise Stuhltransport:* Der Lehrer nickt den Schülern einzeln zu. Diese tragen dann, einer nach dem anderen, ihre Stühle zum Stuhlkreis. Dabei sind sie so leise wie möglich und versuchen, nirgendwo anzustoßen.
   Stößt ein Kind an oder ist es zu laut, schüttelt der Lehrer mit dem Kopf. Das Kind muss dann an dieser Stelle auf das nächste Zunicken warten. So entsteht in Ruhe ein Stuhlkreis.
   Genauso können die Schüler natürlich den Stuhlkreis verlassen.
3. *Der leise Tischtransport:* Der Lehrer nickt den Tischnachbarn zu. Diese tragen dann gemeinsam ihren Tisch zu dem Platz, den der Lehrer ihnen zeigt.
   Dabei sind sie so leise wie möglich und versuchen, nirgendwo anzustoßen.
4. *Ein neuer Klassendienst:* Stuhldienst. Zwei Schüler verrichten den Stuhldienst. Sie stellen die Stühle vor Unterrichtsbeginn leise herunter und nach dem Unterricht stellen sie die Stühle wieder leise auf die Tische.
5. *Plätze tauschen:* Der Lehrer zeigt auf verschiedene Schüler, die dann mit ihren Stühlen untereinander die Plätze tauschen. Wer ist dabei am leisesten?
6. *Tische tauschen:* Der Lehrer zeigt auf verschiedene Tischnachbarn, die dann mit ihren Tischen untereinander die Plätze tauschen. Wer ist dabei am leisesten?

Die leisen Möbelpacker – ob Stuhl oder Tisch

1. Erzähle, was du auf den Bildern siehst.
2. Male die Bildergeschichte an. Male sie weiter.
3. Spielt die Bildergeschichte mit verteilten Rollen nach.
4. Überlege dir eine Überschrift.
5. Schreibe einen Text zur Bildergeschichte in dein Heft.

Überschrift: ____________________

6. Leises Möbelpacken: Warum ist es für alle Schüler und Lehrer wichtig, dass Stühle und Tische leise hochgestellt und getragen werden? Erzähle.
7. „Kleine Spiele“-Karte: Sucht euch ein Spiel (oder mehrere) aus, um das leise Hochstellen und Tragen von Stühlen und Tischen zu üben.

Das kannst du auch noch machen:

8. Male eine eigene Bildergeschichte rund um das leise Tragen von Möbeln.
9. Denke dir ein eigenes „Leise-Möbelpacker-Spiel“ aus. Erkläre es den anderen. Spielt es miteinander.

Gesprächs- und Verhaltensregeln

1. Erzähle, was du auf den Bildern siehst.
2. Male die Bildergeschichte an. Male sie weiter.
3. Spielt die Bildergeschichte mit verteilten Rollen nach.
4. Überlege dir eine Überschrift.
5. Schreibe einen Text zur Bildergeschichte in dein Heft.

Überschrift: ______________________________

1

2

3

4

6. Gesprächs- und Verhaltensregeln: Warum ist es für alle Schüler und Lehrer wichtig, dass diese Regeln vereinbart und eingehalten werden? Erzähle.
7. „Kleine Spiele“-Karte: Sucht euch ein Spiel (oder mehrere) aus, um Gesprächs- und Verhaltensregeln zu üben.

Das kannst du auch noch machen:

8. Male eine eigene Bildergeschichte rund um Gesprächs- und Verhaltensregeln.
9. Denke dir ein eigenes Spiel zum Thema „Regeln einhalten“ aus. Erkläre es den anderen. Spielt es miteinander.

⇦ zu Seite 28

Kleine Spiele, um Gesprächs- und Verhaltensregeln zu üben

1. *Nacheinander-reden-Quiz:* Bildet Gruppen mit jeweils 2 bis 4 Schülern (Gruppe A, Gruppe B …). Gruppe A erhält eine Quiz-Frage. Zum Beispiel: Welche Tiere haben vier Beine? Welche Sportarten gibt es? Die Schüler von Gruppe A müssen abwechselnd oder reihum passende Antworten finden. Weiß ein Schüler keine Antwort, sagt er: „Weiter!" Wie viele richtige Antworten gibt die Gruppe in einer Minute? Dann ist Gruppe B an der Reihe.
2. *Kennenlern-Ball:* Die Schüler stehen im Kreis und werfen sich in Ruhe einen Ball zu. Der Schüler, der den Ball fängt, darf (muss aber nicht) einen Satz über sich sagen. Danach wirft er den Ball einem anderen Schüler zu. Wer dazwischenredet oder den Ball nicht so wirft, dass man ihn fangen kann, muss sich hinsetzen. Wer bleibt bis zum Schluss stehen? Spielt mehrere Runden.
3. *Dafür und dagegen:* Bildet zwei Gruppen. Gruppe A ist dafür und Gruppe B dagegen. Mögliche Themen sind: Befreit die Gummibären aus den Tüten! Keine Hausaufgaben mehr! Kostenlose Süßigkeiten für Kinder! Die Gruppen dürfen nun immer abwechselnd erklären, warum sie dafür oder dagegen sind. Dabei gilt natürlich die Gesprächsregel: „Wir reden nacheinander und hören zu". Welche Gruppe hält sich daran?
4. *Komplimente-Dusche:* Die Schüler bilden eine Gasse und stehen sich gegenüber. Ein Schüler geht nun langsam durch die Gasse hindurch. Die Schüler dürfen ihn loben, Komplimente machen, abklatschen, auf die Schulter klopfen, streicheln … Wie habt ihr euch dabei gefühlt?
5. *Erzähl-Stein:* Im Stuhlkreis gibt ein Schüler den Erzähl-Stein einem Schüler, der aufzeigt. Schüler 1 erfindet den ersten Satz einer Geschichte, Schüler 2 erzählt den zweiten Satz. Dann reicht er den Stein weiter. Schüler 3 setzt die Geschichte fort (und so weiter).

zu Seite 30 ⇨

Kleine Spiele, um Frieden, Stille und richtiges Reagieren zu üben

1. *Wer wird Regel-König?* Der Lehrer und ein Schüler sitzen sich gegenüber. Der Lehrer stellt dem „Kandidaten" nun 6 Fragen zum Thema „Lärm, Gewalt und richtiges Verhalten".
   Dabei gibt er 4 Antwortmöglichkeiten vor. Ist sich der Kandidat mit der Antwort nicht sicher, darf er 3 Joker nutzen:
   Telefon-Joker = Der Kandidat darf einen anderen Schüler fragen.
   Abstimmungs-Joker = Die anderen Schüler stimmen per Handzeichen ab. Der Kandidat kann dann wählen, welche Antwort richtig ist.
   50:50-Joker = Der Lehrer nennt nur noch zwei mögliche Antworten, eine davon ist richtig.
   Wie viele Fragen beantwortet der Kandidat? Spielt mehrfach, auch in Gruppen!
2. *Eiszeit-Spiel:* Einige Schüler spielen eine Situation vor, die etwas mit Gewalt, Lärm oder Regelverletzungen zu tun hat – und zwar ohne Worte. Wenn der Lehrer irgendwann „Eiszeit!" sagt, bewegen sich die Schüler nicht mehr.
   Was haben die Schüler vorgespielt? Wie könnte die Situation friedlich und ruhig enden?
3. *Lob-Kärtchen:* Malt viele kleine Lob-Kärtchen und schneidet sie aus, zum Beispiel: „Du bist ein friedliches und freundliches Schulkind! Super!" Verteilt die Kärtchen zu Schulbeginn, nach Schulschluss oder nach der Pause im Schulgebäude an die Kinder, die das Lob verdienen. Ihr könnt euch auch eigene Sprüche für die Lob-Kärtchen ausdenken.
4. *Die Schlafmützen:* Die Schüler „schlafen" und legen den Kopf auf ihre Arme. Der Lehrer nennt nun Aufgaben mit richtigem oder falschem Ergebnis (zum Beispiel „2 + 4 = 8") oder macht eine richtige oder falsche Aussage („Nase schreibt man groß."). Die Schüler werden „wach", sobald sie ein falsches Ergebnis oder eine falsche Aussage hören. Danach „schlafen" sie aber wieder ein.

Was tun bei Lärm und Gewalt?

1. Erzähle, was du auf den Bildern siehst.
2. Male die Bildergeschichte an. Male sie weiter.
3. Spielt die Bildergeschichte mit verteilten Rollen nach.
4. Überlege dir eine Überschrift.
5. Schreibe einen Text zur Bildergeschichte in dein Heft.

Überschrift: ______________________________

1
Pause!
SCHULHOF

2
Seid leise, ihr Blödmänner!

3
Wie hast du uns genannt, Kleiner?

4

6. Richtig reagieren: Warum ist es für alle Schüler und Lehrer wichtig, bei Lärm und Gewalt richtig zu reagieren? Erzähle.
7. „Kleine Spiele“-Karte: Sucht euch ein Spiel (oder mehrere) aus, um das richtige Reagieren zu üben.

Das kannst du auch noch machen:

8. Male eine eigene Bildergeschichte rund um das richtige Reagieren bei Lärm und Gewalt.
9. Denke dir ein eigenes Spiel aus: „Reagiere richtig bei Lärm und Gewalt“. Erkläre es den anderen. Spielt es miteinander.

Die Wesen auf dem Planeten Pox

Auf dem Planeten Pox leben drei verschiedene Wesen:
die Poxi-Wesen, die Oxi-Wesen und die Ixo-Wesen.

1. Male und schreibe in die Tabelle.

Die 3 Wesen	**Merkmale** Größe, Gewicht, Lebensraum, Sprache, Familie, Ess- und Trinkgewohnheiten, Hobbys, Besonderheiten …
Proxi-Wesen	
Oxi-Wesen	
Ixo-Wesen	

2. Vergleicht eure Tabellen. Was fällt euch auf?
3. Schreibe in dein Heft oder in deine Mappe:
   a) Woher glaubst du zu wissen, wie die Wesen auf dem Planeten Pox sind?
   b) Woher glaubst du zu wissen, wie deine Mitschüler, Lehrer, Eltern … sind?

Das kannst du auch noch machen:

4. Überlege dir Fragen, mit denen du mehr über deine Mitschüler, Lehrer, Eltern, Geschwister und Großeltern erfahren kannst.
5. Vermute vorher, wie die Antworten sein könnten, und stelle dann deine Fragen. Fällt dir etwas auf?

Erste-Hilfe-Poster bei Lärm und Gewalt

1. Lies die Probleme. Schreibe weitere Orte und Probleme auf die Linien.
2. Was könnte helfen? Male oder schreibe deine Ideen in die Kästen.
3. Stelle deine Lösungen vor.

Problem **Hilfe-Kasten**

Problem 1: Lärm
im Klassenraum, im Bus, bei der Gruppenarbeit, kreischen …

Problem 2: körperliche Gewalt
schlagen, bedrohen, erpressen, nicht freiwillige Berührung …

Problem 3: seelische Gewalt
beschimpfen, beleidigen, andere ausgrenzen, hänseln …

Problem 4: Gewalt gegen Schule
Unterricht stören, Arbeit verweigern, Lehrer ärgern, Tische beschmieren …

Problem 5: Gewalt zu Hause und in der Freizeit
gegen Kinder, gegen Eltern, gegen Tiere, gegen …

Bernd Wehren: Der Flüster-Führerschein · Best.Nr. 096

Schlimme Taten, Schimpfworte und nette Worte

1. Ordne und schreibe die Wörter auf die Linien deines „Stimmungsbarometers“.

trösten ★ Zicke ★ schreien ★ stehlen ★ bedrohen ★ zuhören ★ boxen ★ tratschen ★ zerstören ★ Doofmann ★ küssen ★ beleidigen ★ vordrängeln ★ streicheln ★ hauen ★ schubsen

Stimmungs-
barometer

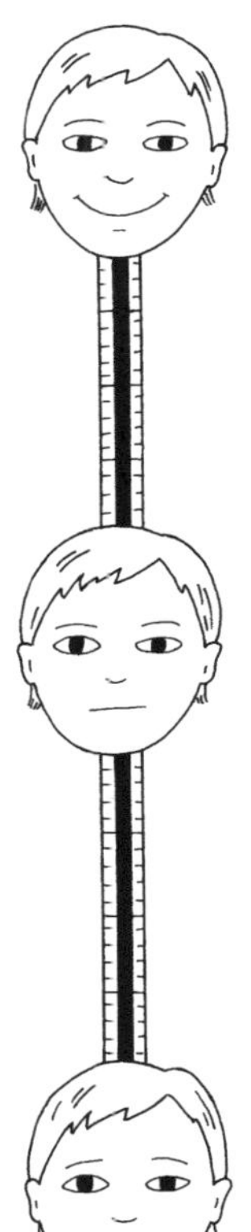

2. Überlege dir eigene Wörter. Ergänze sie mit einem roten Buntstift.
3. Vergleicht eure Stimmungsbarometer. Gibt es Unterschiede? Warum?
4. Erkläre Wörter aus dem Stimmungsbarometer mit eigenen Worten, mit Pantomime oder mit einer Zeichnung. Wer errät sie?

Das kannst du auch noch machen:

5. Schreibe alle Schimpfworte auf, die dir einfallen.
6. Schreibe alle netten Worte auf, die dir einfallen.
7. Vergleiche die beiden Wörterlisten miteinander. Fällt dir etwas auf?

Was ist Mobbing? Infos für Lehrer und Eltern

1. Mobbing sind *keine* spontanen, kurzfristigen Hänseleien, Streitigkeiten, Konflikte oder Gewaltanwendungen (worauf Lehrer, Eltern oder/und die Klassengemeinschaft selbstverständlich auch sofort reagieren müssen).

2. Das Wort „Mobbing“ (engl.) bedeutet pöbeln, schikanieren.

3. Mobbing ist ein *langfristiges* Schikanieren eines Schülers über mehrere Wochen oder Monate, selten sind mehrere Schüler betroffen. Die Schikanen äußern sich in der Schädigung des Ansehens, dem Ausschluss aus der Gemeinschaft, körperlicher Gewalt und/oder Unterdrückung.

4. Der gemobbte Schüler ist unterlegen, da ihn oft mehrere Mitschüler (meist verbal) angreifen.

5. Der gemobbte Schüler kann sich nicht alleine aus der Situation retten. Er braucht Hilfe.

6. Mobbing kann auch in der Freizeit, in der Familie oder in Vereinen stattfinden. Neben Schülern können auch Lehrer, Schulleiter oder Eltern sowohl Täter als auch Opfer sein.

7. Mobbing entsteht durch andauernd schlechte Beziehungen, Misstrauen, falscher Umgang mit Tätern und Opfern bzw. zu geringe Reaktionen und Konsequenzen von Erwachsenen im Hinblick auf Täter und Mitläufer.

8. Ein gemobbter Schüler kann schweren Schaden nehmen, u. a. Schlafstörungen, Angst, Lustlosigkeit, Einsamkeit, körperliche Beschwerden, erhöhte Aggression, Depression.

9. Zu Mobbing-Opfern werden vor allem Kinder, die klein, ängstlich, schüchtern, schwach, übergewichtig sind und/oder aus armen Familien stammen.

10. Oft kann man Mobbinghandlungen nicht rechtzeitig erkennen, da die Täter ihr Opfer in unbeobachteten Situationen mobben, z. B. während der Pause, auf dem Schulweg, in der Sportkabine. Oder die Täter unterstützen sich gegenseitig in Konfliktgesprächen mit Lehrern. Oder die Eltern der Täter verlangen Beweise, die manchmal schwer zu erbringen sind.

11. Mit dem Konzept „No Blame Approach“ hilft man Mobbing-Opfern.

Was ist der „No Blame Approach"? Infos für Lehrer und Eltern

Um Mobbingopfern zu helfen, entwickelten in den 1980er-Jahren Barbara Maines und George Robinson den „No Blame Approach" (Ansatz ohne Beschuldigung). Dieser Ansatz basiert auf folgenden Erkenntnissen:

- Wenn man Tätern die Schuld zuweist oder/und den Ablauf des Tathergangs bespricht, wird das Opfer daraufhin meist noch mehr in unbeobachteten Situationen und Orten gemobbt.
- Wenn sich die Eltern des Mobbingopfers direkt einmischen, wird das Mobbingopfer meist weiter geschwächt.

Der „No Blame Approach" hat daher zum Ziel, zum einen das Mobbingopfer zu schützen sowie ihm zu helfen und zum anderen die Täter und Mitläufer zu stoppen.

Der „No Blame Approach" ist ein lösungsorientierter Ansatz. Somit steht **nicht die Schuld oder Bestrafung im Mittelpunkt der Diskussion mit den Schülern, sondern das gemeinsame Finden von Lösungen**.

Es wird auf Schuldzuweisungen und Bestrafung verzichtet. Zudem werden keine Versprechungen eingefordert und es wird nicht über die Vergangenheit gesprochen.

Ablauf:

1. Man kontaktiert einen Schulsozialarbeiter, der den Lehrer beim Vorhaben unterstützt.
2. Die Eltern des Mobbingopfers und die Lehrer (evtl. auch die Eltern der restlichen Schüler) werden über das Vorhaben, den Ablauf informiert.
3. Ein vertrauter Lehrer spricht mit dem Mobbingopfer, das seine Situation und seine Gefühle schildert. Gleichzeitig soll das Opfer für das Vorhaben gewonnen werden. Das Mobbingopfer benennt mehrere Schüler aus der Klasse, die ihm helfen könnten. (Das können Schüler mit hohem Ansehen, sozialer Kompetenz oder/und Einfluss in der Klasse sein, aber auch mutmaßliche Täter oder Mitläufer!)
4. Der Lehrer trifft sich mit dem Mobbingopfer und der Helfergruppe (einschließlich Täter und Mitläufer), die ca. 6–8 Schüler umfassen sollte. Dabei wird das Problem sachlich benannt (ohne Schuldzuweisungen, ohne Strafandrohungen). Nun werden Ideen gesammelt, was jeder Schüler tun kann, um die Situation des Opfers zu verbessern. Der Lehrer schreibt dies auf.
5. Etwa eine Woche später sprechen der Lehrer oder/und Schulsozialarbeiter einzeln und nacheinander mit dem Opfer und jedem Helfer, wie sich die Situation entwickelt hat. Diese Gespräche sorgen für Nachhaltigkeit und Verbindlichkeit. So wird verhindert, dass Täter und Opfer wieder alte Verhaltensweisen aufnehmen.
6. Diese Gespräche können in den folgenden Wochen auch als Gruppengespräche stattfinden.

Hilfs- und Notizblatt für das Gespräch mit dem Mobbingopfer

1. Reden Sie mit dem Schüler über Positives in Schule, Freizeit usw.
2. Sprechen Sie das Problem, Ihre Beobachtungen vorsichtig an. Oder fragen Sie, wie es dem Schüler geht, wie er sich in der Schule fühlt.
3. Fragen Sie nach, ob Sie sich Notizen machen dürfen, damit Sie nichts vergessen.
4. Fragen Sie den Schüler, ob sich das schlechte Gefühl, die schwierige Situation verändern, verbessern soll.
5. Zeigen Sie Zuversicht und Interesse, indem Sie Ihre Hilfe anbieten.
6. Erklären Sie Ihr Vorhaben: Auswahl und Treffen mit der Helfergruppe, Funktion der Helfergruppe, keine Bestrafung, keine Schuldzuweisung usw.
7. Erklären Sie dem Schüler, dass er nichts tun muss. Sie kümmern sich darum.
8. Fragen Sie den Schüler konkret nach Helfern, Tätern und Mitläufern.
9. Fragen Sie nach dem gewünschten Ziel.
10. Fragen Sie den Schüler, was Sie nicht erzählen sollen und nach weiteren Gesprächsterminen.
11. Lesen Sie dem Schüler die Vorgehensweise anhand Ihrer Notizen vor.
12. Zum Abschluss des Gesprächs sprechen Sie dem Schüler Mut zu.

Name des Schülers: ______________________ Datum: __________

____

____

____

____

____

____

Termine für weitere Gespräche: ______________________

Helfergruppe: ______________________

Täter: ______________________

Mitläufer: ______________________

Ziel: ______________________

Hilfs- und Notizblatt für das Gespräch mit der Helfergruppe

1. Begrüßen Sie die ausgewählte Helfergruppe.
2. Erklären Sie den Schülern, dass Sie deren Hilfe brauchen.
3. Beschreiben Sie das Problem des gemobbten Schülers, Ihre eigenen Gedanken und Empfindungen dazu und Ihr Ziel.
4. Erklären Sie den Schülern, warum gerade sie als Helfer ausgewählt worden sind.
5. Erklären Sie den Helfern, dass es nicht um die Schuld und Bestrafung geht, sondern wie sie mithelfen können, die Situation des gemobbten Schülers zukünftig zu verbessern.
6. Bitten Sie die Schüler, Ideen für eine Besserung der Situation des gemobbten Schülers zu nennen. Fragen Sie nach, ob Sie die Ideen mit Namen der Schüler aufschreiben dürfen.
7. Lesen Sie die Ideen mit Namen der Schüler abschließend vor.
8. Bedanken Sie sich bei den Helfern und vereinbaren Sie weitere, zeitnahe Gesprächstermine (etwa in einer Woche).

Helfergruppe: ______________________ Datum: __________

Termine für weitere Gespräche: ______________________

Ziel: ______________________

Erste Hilfe bei Gewalt und Beleidigungen

Lisa ist eine Schülerin, die zu allen freundlich ist.
Sie ist etwas pummelig und trägt eine Brille.
Manchmal wird sie gehänselt und geärgert.
Letzte Woche wurde sie sogar von einem älteren Schüler ohne Grund in der Hofpause geschubst und getreten.
Auf dem Schulhof spielt sie oft alleine.
Lisa weiß sich nicht zu helfen.
Oft muss sie weinen.
Die Freude am Lernen und Spielen in der Schule ist ihr vergangen.

1. Wie geht es Lisa? Beschreibe.

____

____

____

____

2. Was kann sie tun? Wer kann ihr helfen? Hast du Tipps für Lisa?

____

____

____

____

3. Wurdest du auch schon geärgert?
   Oder hast du auch schon einmal Kinder geärgert? Erzähle.
4. Gestaltet ein Plakat: „Erste Hilfe bei Gewalt und Beleidigungen“
   a) für eure Klasse und
   b) für eure Schule.

Das kannst du auch noch machen:

5. Entschuldige dich bei Kindern, die du schon einmal geärgert, gehänselt oder gehauen hast – auch wenn es lange Zeit her ist.
   Wenn du es noch weißt, wissen es diese Kinder ganz sicher!

Die Sprache des Körpers – Mimik und Gestik

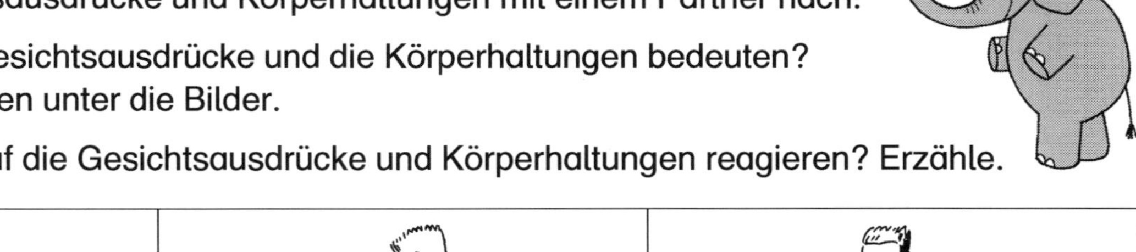

1. Spiele die Gesichtsausdrücke und Körperhaltungen mit einem Partner nach.
2. Was können die Gesichtsausdrücke und die Körperhaltungen bedeuten? Schreibe deine Ideen unter die Bilder.
3. Wie könntest du auf die Gesichtsausdrücke und Körperhaltungen reagieren? Erzähle.

Das kannst du auch noch machen:

4. Male ein Gesicht oder einen ganzen Körper mit einem neuen Ausdruck in das leere Feld.
5. Spielt Situationen nach, in denen diese Gesichtsausdrücke und Körperhaltungen der gemalten Personen zu sehen sind. Spielt auch, wie es weitergehen könnte.

Vor der Schule

1. Male die Zeichnungen an. Schneide die Bastelfiguren und die Kulisse aus. Knicke sie an den gestrichelten Linien um.
2. Spiele Situationen nach, die mit Gewalt, Lärm, Streit, Frieden oder Stille zu tun haben.
3. Bastele weitere Kulissen, Figuren und Dinge. Was tun und was sagen deine Figuren?
4. Spiele deine ausgedachten Szenen zum Thema „Vor der Schule" deiner Klasse vor – als Figurentheater oder als Rollenspiel.
5. Wie fühlt ihr euch beim Vorspielen und wie beim Zuschauen?
6. Wie könnte deine Szene enden? Was ist das Problem? Was muss man ändern? Oder: Warum klappt das Miteinander so gut?

Das kannst du auch noch machen:

7. Spiele deine ausgedachten Szenen Schülern anderer Klassen vor. Redet darüber.
8. Schreibe deine Geschichte auf.

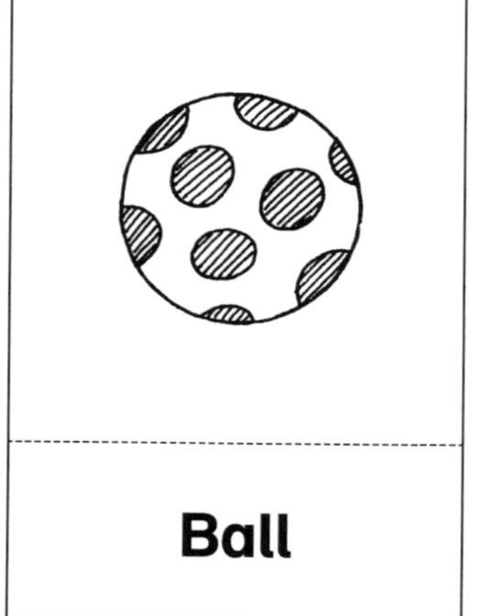

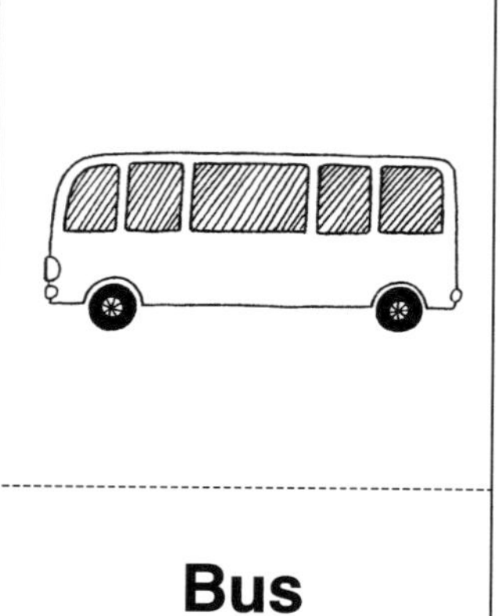

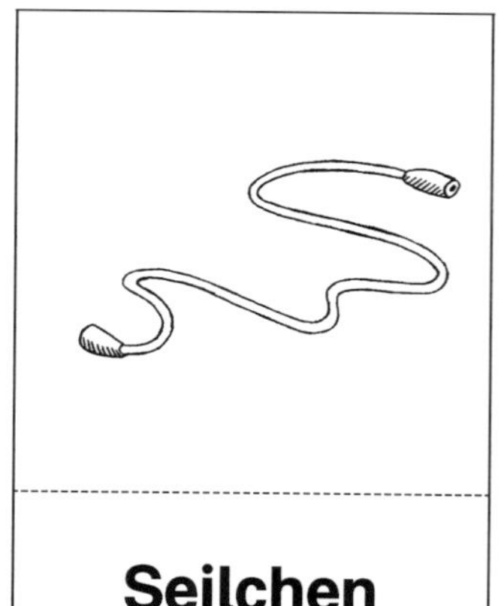

(Abbildungen ggf. vergrößern; außerdem: Kulisse „Schulgebäude außen", Seite 41)

Kulisse
„Schulgebäude außen“

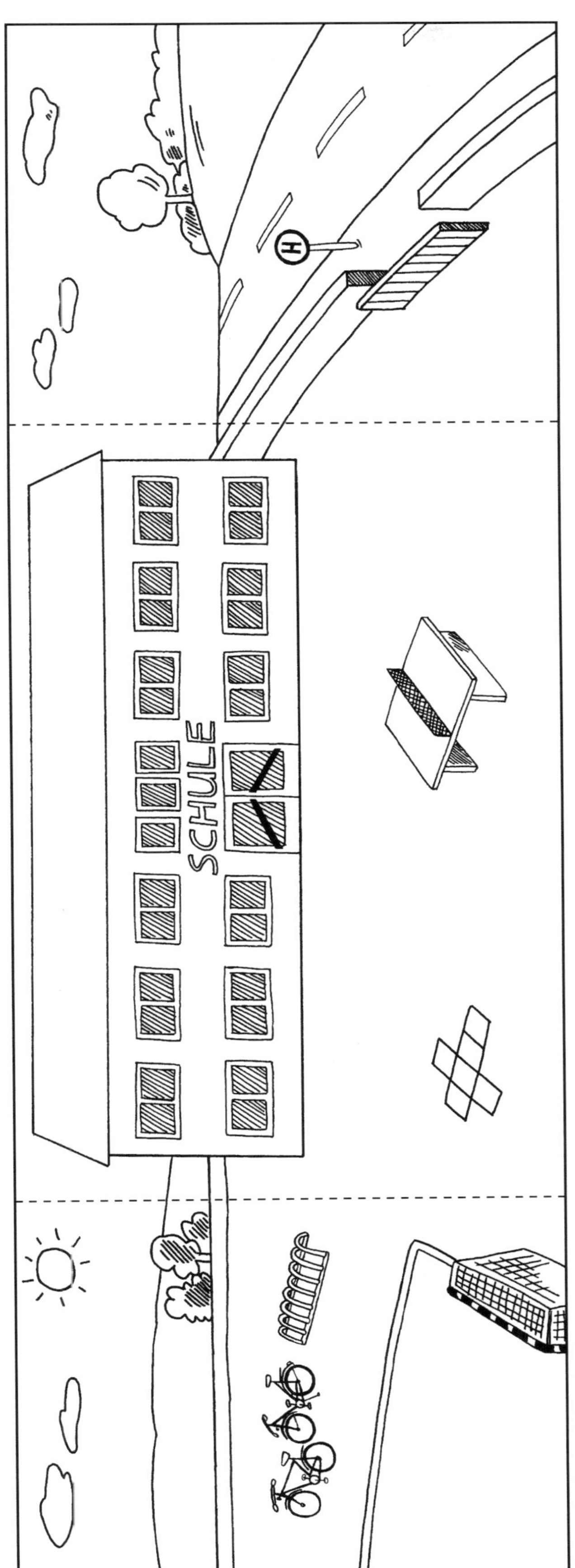

Kulisse
„Schulgebäude innen“

Im Schulgebäude

1. Male die Zeichnungen an. Schneide die Bastelfiguren und die Kulisse aus. Knicke sie an den gestrichelten Linien um.
2. Spiele Situationen nach, die mit Gewalt, Lärm, Streit, Frieden oder Stille zu tun haben.
3. Bastele weitere Kulissen, Figuren und Dinge. Was tun und was sagen deine Figuren?
4. Spiele deine ausgedachten Szenen zum Thema „Im Schulgebäude“ deiner Klasse vor – als Figurentheater oder als Rollenspiel.
5. Wie fühlt ihr euch beim Vorspielen und wie beim Zuschauen?
6. Wie könnte deine Szene enden? Was ist das Problem? Was muss man ändern? Oder: Warum klappt das Miteinander so gut?

Das kannst du auch noch machen:

7. Spiele deine ausgedachten Szenen Schülern anderer Klassen vor. Redet darüber.
8. Schreibe deine Geschichte auf.

Julia

Tom

Frau Winter
(Lehrerin)

Herr Krause
(Hausmeister)

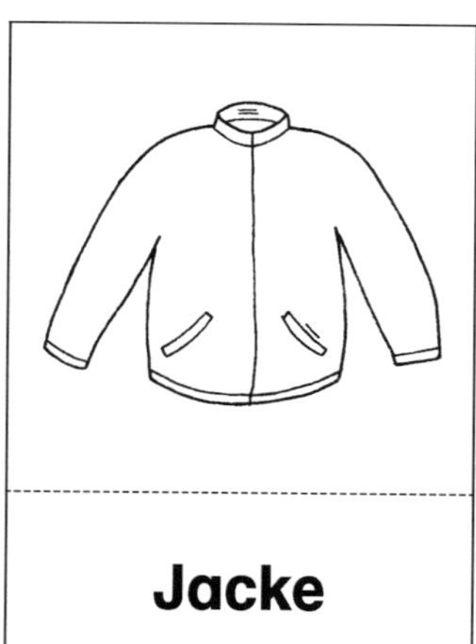

Jacke

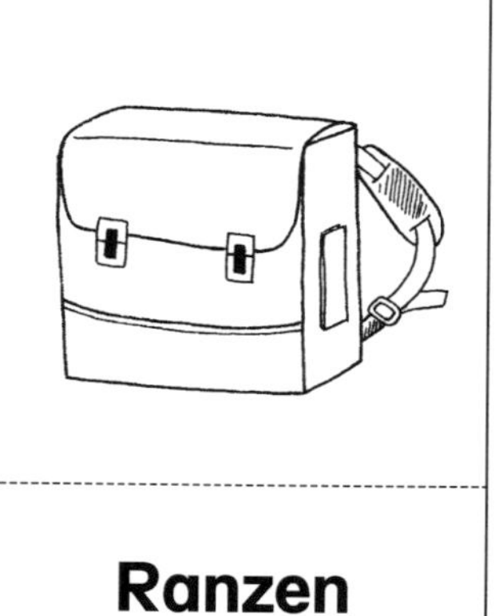

Ranzen

Schuhe

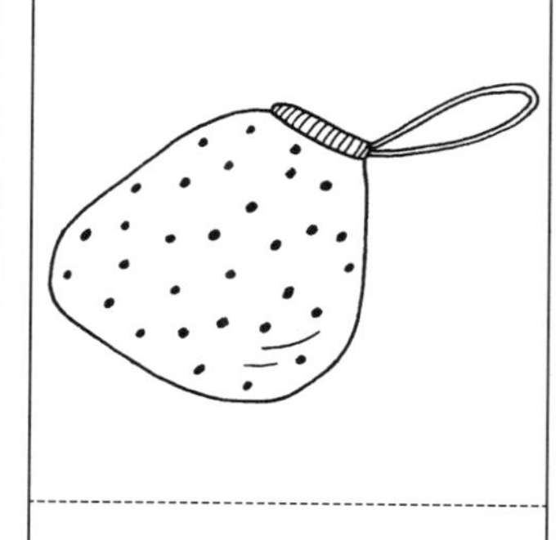

Turnbeutel

(Abbildungen ggf. vergrößern; außerdem: Kulisse „Schulgebäude innen“, Seite 41)

Im Klassenraum

1. Male die Zeichnungen an. Schneide die Bastelfiguren und die Kulisse aus. Knicke sie an den gestrichelten Linien um.
2. Spiele Situationen nach, die mit Gewalt, Lärm, Streit, Frieden oder Stille zu tun haben.
3. Bastele weitere Kulissen, Figuren und Dinge. Was tun und was sagen deine Figuren?
4. Spiele deine ausgedachten Szenen zum Thema „Im Klassenraum“ deiner Klasse vor – als Figurentheater oder als Rollenspiel.
5. Wie fühlt ihr euch beim Vorspielen und wie beim Zuschauen?
6. Wie könnte deine Szene enden? Was ist das Problem? Was muss man ändern? Oder: Warum klappt das Miteinander so gut?

Das kannst du auch noch machen:

7. Spiele deine ausgedachten Szenen Schülern anderer Klassen vor. Redet darüber.
8. Schreibe deine Geschichte auf.

David	**Lea**	**Sabrina**	**Herr Vogel** (Lehrer)
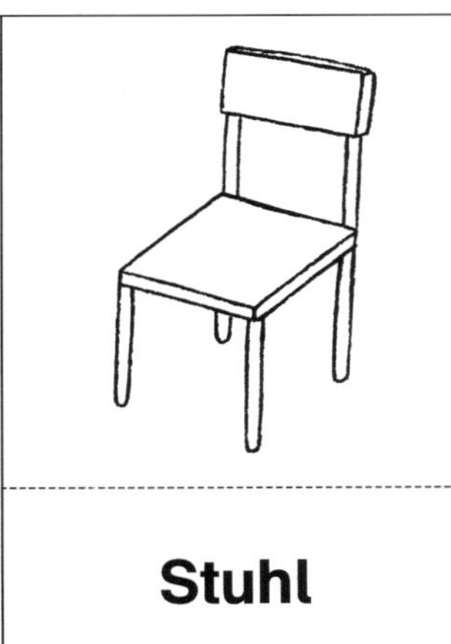			
Stuhl	**Tisch**	**Computer**	**Buch**

(Abbildungen ggf. vergrößern; außerdem: Kulisse „Im Klassenraum“, Seite 44)

Kulisse
„Im Klassenraum“

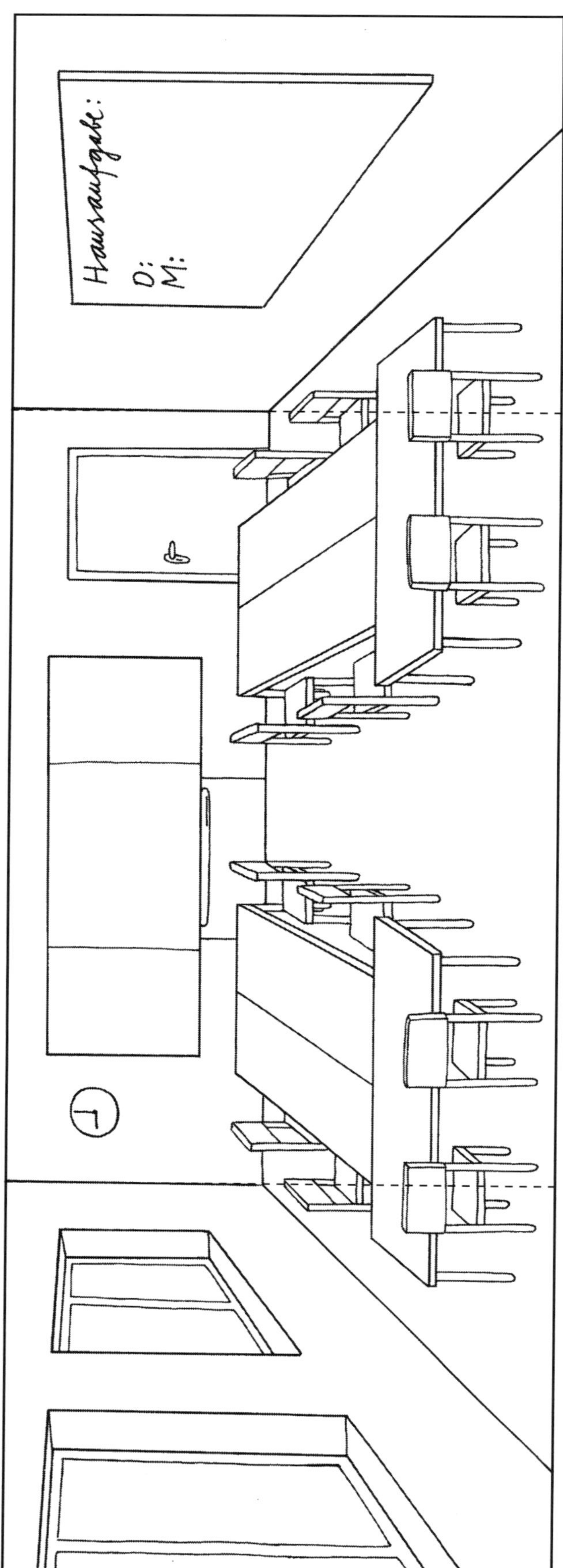

Kulisse
„In der Freizeit“

In der Freizeit

1. Male die Zeichnungen an. Schneide die Bastelfiguren und die Kulisse aus. Knicke sie an den gestrichelten Linien um.
2. Spiele Situationen nach, die mit Gewalt, Lärm, Streit, Frieden oder Stille zu tun haben.
3. Bastele weitere Kulissen, Figuren und Dinge. Was tun und was sagen deine Figuren?
4. Spiele deine ausgedachten Szenen zum Thema „In der Freizeit" deiner Klasse vor – als Figurentheater oder als Rollenspiel.
5. Wie fühlt ihr euch beim Vorspielen und wie beim Zuschauen?
6. Wie könnte deine Szene enden? Was ist das Problem? Was muss man ändern? Oder: Warum klappt das Miteinander so gut?

Das kannst du auch noch machen:

7. Spiele deine ausgedachten Szenen Schülern anderer Klassen vor. Redet darüber.
8. Schreibe deine Geschichte auf.

Lukas

Opa Leo

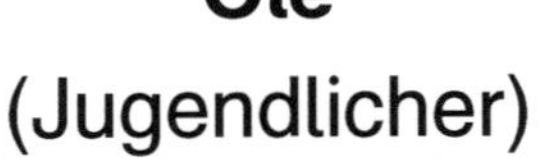

Ole
(Jugendlicher)

Bello
(Hund)

Auto

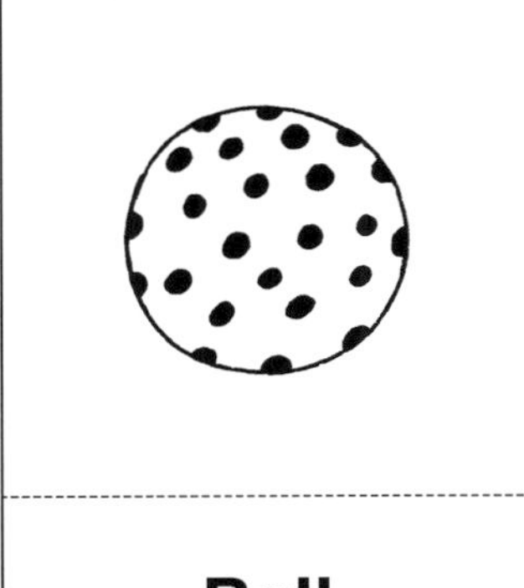

Ball

Roller

Decke

(Abbildungen ggf. vergrößern; außerdem: Kulisse „In der Freizeit", Seite 44)

Zu Hause

1. Male die Zeichnungen an. Schneide die Bastelfiguren und die Kulisse aus. Knicke sie an den gestrichelten Linien um.
2. Spiele Situationen nach, die mit Gewalt, Lärm, Streit, Frieden oder Stille zu tun haben.
3. Bastele weitere Kulissen, Figuren und Dinge. Was tun und was sagen deine Figuren?
4. Spiele deine ausgedachten Szenen zum Thema „Zu Hause“ deiner Klasse vor – als Figurentheater oder als Rollenspiel.
5. Wie fühlt ihr euch beim Vorspielen und wie beim Zuschauen?
6. Wie könnte deine Szene enden? Was ist das Problem? Was muss man ändern? Oder: Warum klappt das Miteinander so gut?

Das kannst du auch noch machen:

7. Spiele deine ausgedachten Szenen Schülern anderer Klassen vor. Redet darüber.
8. Schreibe deine Geschichte auf.

Laura Schulte

Jan Schulte

Mama Schulte

Papa Schulte

Bonbons

Tisch

Radio

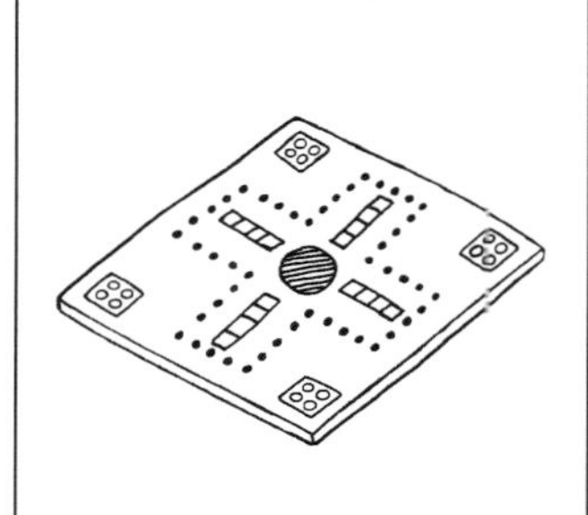

Brettspiel

(Abbildungen ggf. vergrößern; außerdem: Kulisse „Zu Hause“, Seite 47)

Kulisse
„Zu Hause“

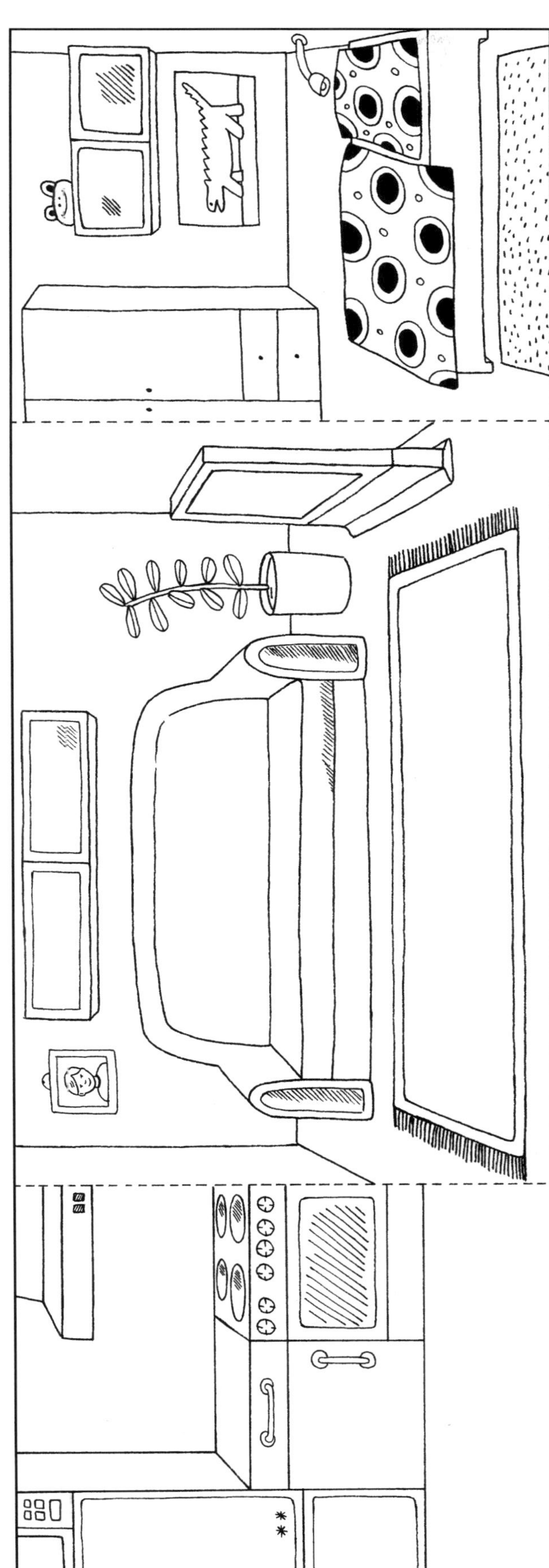

Friedenszeichen

1. Ordne den Texten das passende Friedenszeichen zu. Trage die Zahlen ein.
2. Forsche im Internet nach weiteren Informationen zu diesen Friedenszeichen. Schreibe auf die Linien.
3. Male die Friedenszeichen an.

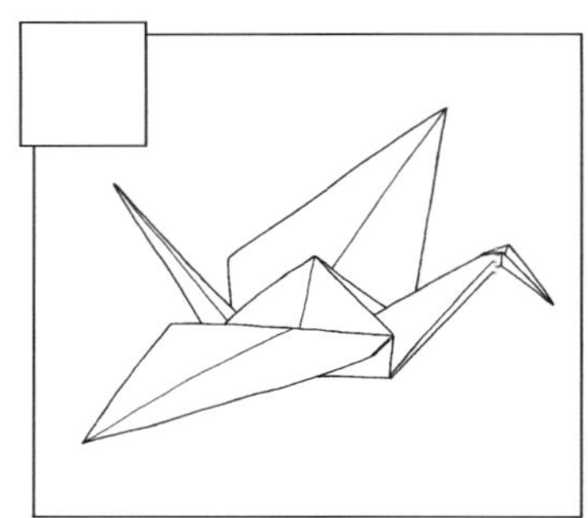

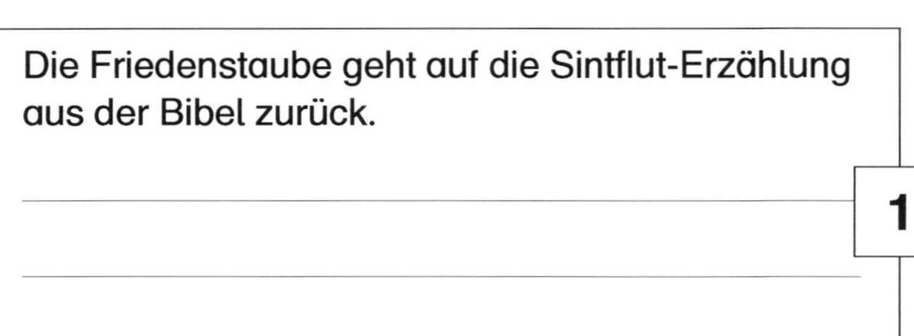

Die Friedenstaube geht auf die Sintflut-Erzählung aus der Bibel zurück.

1

Diese Geste mit der Hand wird auch als Friedenszeichen aufgefasst.

2

Die Papierkraniche sind Symbol des Friedens und des Widerstandes gegen Atomwaffen.

3

Das olympische Feuer erinnert an den Frieden, der während der Olympischen Spiele herrscht.

4

Das kannst du auch noch machen:

4. Forsche im Internet oder in Büchern nach weiteren Friedenszeichen. Zeichne sie ab. Schreibe die Namen und die jeweilige Bedeutung auf.
5. Gestalte ein eigenes Friedenszeichen für dich, deine Klasse, Schule oder Familie.

Bernd Wehren: Der Flüster-Führerschein · Best.Nr. 096

Stille-Mandala

1. Male das Stille-Mandala an.

2. Wie fühlst du dich vor, während und nach dem Malen? Erzähle.
3. Wie hast du das Mandala angemalt? Vergleiche mit Mitschülern. Was fällt euch auf?
4. Wer schafft das? Rede heute (diese Woche, diesen Monat) mit Mitschülern und Erwachsenen leise und ruhig.
   Was passiert mit dir und denjenigen, mit denen du sanft redest? Erzähle.

Das kannst du auch noch machen:

5. Male dein eigenes Stille-Mandala.
6. Malt zusammen ein riesiges Stille-Mandala mit bunter Kreide auf den Schulhof.

Bernd Wehren: Der Flüster-Führerschein · Best.Nr. 096

Friedens-Mandala

1. Male das Friedens-Mandala an.

2. Wie fühlst du dich vor, während und nach dem Malen? Erzähle.
3. Wie hast du das Mandala angemalt? Vergleiche mit Mitschülern. Was fällt euch auf?
4. Wer schafft das? Verhalte dich heute (diese Woche, diesen Monat) gegenüber Mitschülern und Erwachsenen besonders friedlich. Was passiert mit dir und denjenigen, zu denen du friedlich bist? Erzähle.

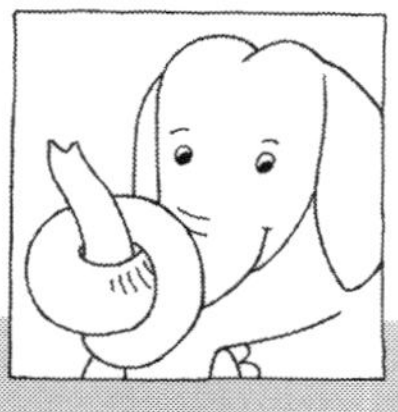

Das kannst du auch noch machen:

5. Male dein eigenes Friedens-Mandala.
6. Malt zusammen ein riesiges Friedens-Mandala mit bunter Kreide auf den Schulhof.

Nette-Worte-Mandala

1. Male das Nette-Worte-Mandala an.

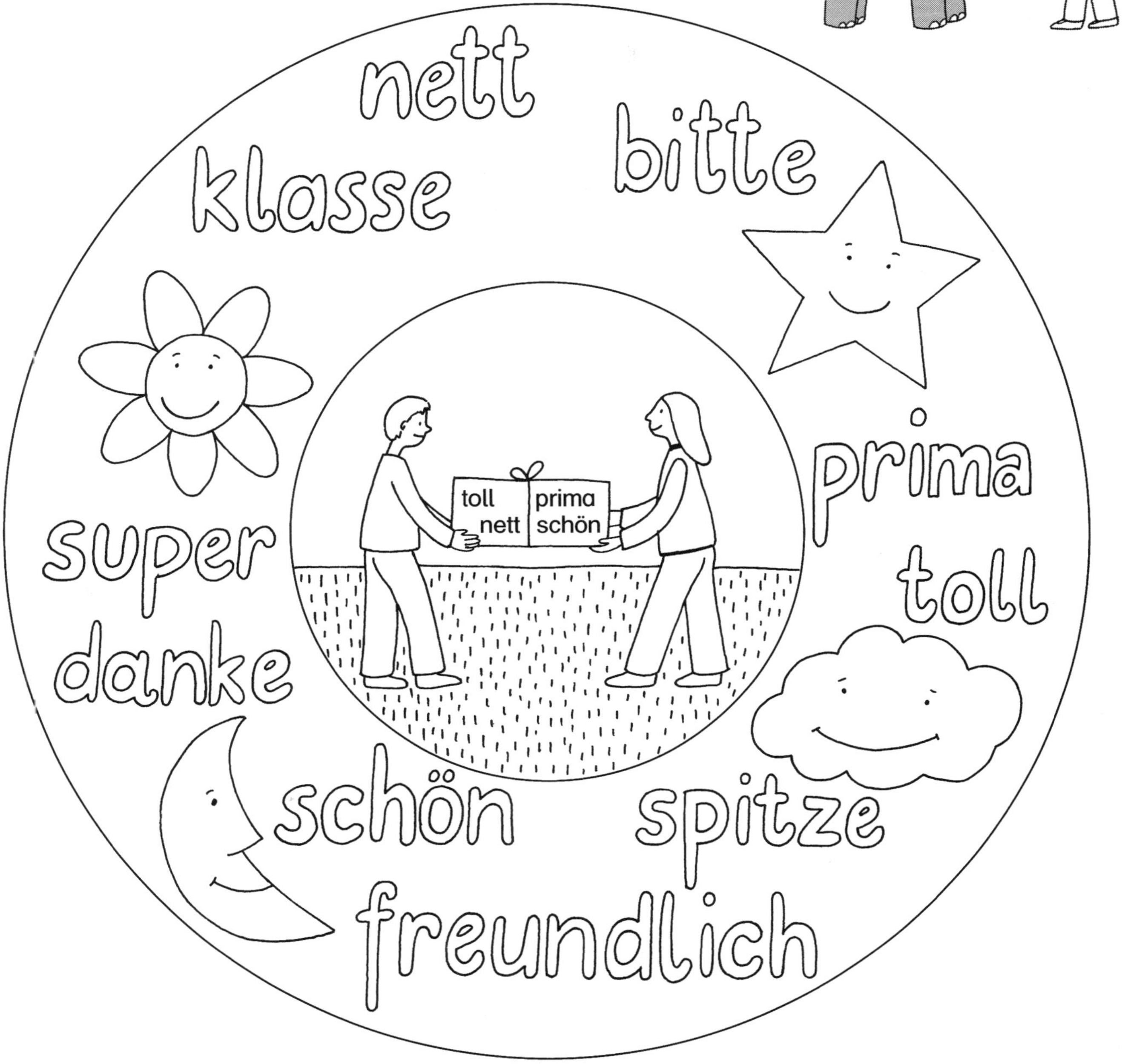

nett klasse bitte

super prima toll

danke

schön spitze freundlich

toll prima nett schön

2. Wie fühlst du dich vor, während und nach dem Malen? Erzähle.
3. Wie hast du das Mandala angemalt? Vergleiche mit Mitschülern. Was fällt euch auf?
4. Wer schafft das? Sage heute (diese Woche, diesen Monat) Mitschülern und Erwachsenen nur nette Worte. Was passiert mit dir und denjenigen, denen du nette Worte sagst? Erzähle.

Das kannst du auch noch machen:

5. Male dein eigenes Nette-Worte-Mandala.
6. Malt zusammen ein riesiges Nette-Worte-Mandala mit bunter Kreide auf den Schulhof.

Entschuldige-Mandala

1. Male das Entschuldige-Mandala an.

Entschuldigung!

Verzeih mir!

2. Wie fühlst du dich vor, während und nach dem Malen? Erzähle.
3. Wie hast du das Mandala angemalt? Vergleiche mit Mitschülern. Was fällt euch auf?
4. Wer schafft das? Schenke einem Kind oder Erwachsenen dein Mandala, bei dem du dich entschuldigen möchtest oder solltest. Erkläre ihm oder ihr, wofür du dich entschuldigst.

Das kannst du auch noch machen:

5. Male dein eigenes Entschuldige-Mandala.

Stilleübungen und Kooperationsspiele

Fantasiereisen selbst erfinden

1. Mit „Ketten-Stichwörtern“ können Sie – später Ihre Schüler – schnell Ihre eigene Fantasiereise erfinden. Dabei sollten Sie folgende Dinge beachten:
   a) ein bestimmtes Thema und evtl. passende Musik wählen,
   b) für eine entspannte Atmosphäre sorgen,
   c) auf Freiwilligkeit hinweisen,
   d) die Reise vom jetzigen Ort ausgehend starten,
   e) die fünf Sinne nutzen: hören, sehen, riechen, schmecken, tasten,
   f) Gefühle beschreiben,
   g) Farben, Mengen, Größen … schildern,
   h) ausdrucksstarke Verben und bekannte Bilder benutzen,
   i) zum Schluss wieder sanft am Startpunkt landen.
   Beispiel für „Ketten-Stichwörter“ zum Thema „Frühling“: schweben aus der Klasse – nasse Wiese – nackte Füße – Blumen duften – Vögel zwitschern – wärmende Sonne – … – landen wieder sanft in der Klasse.
2. Sie sollten mit Ihren „Stichwörtern“ das Vortragen zuvor etwas üben, dann die Stichwörter bereitlegen und evtl. passende Musik abspielen. So stimmen Sie Ihre Schüler ein: „Wir machen jetzt eine Reise in die Fantasie. Wer nicht mitmacht, muss still bleiben. Setzt euch bequem hin und schließt die Augen. Ihr seid still und entspannt. Ihr atmet ruhig und gleichmäßig …“
3. Es ist wichtig, langsam, ruhig und mit kleinen Pausen zu sprechen, sodass die Kinder sich besser auf die Fantasiereise einlassen und diese auf sich wirken lassen können.
4. Nach einer Fantasiereise sollten Sie mit Ihren Schülern über das Erlebte reden. Eine Fantasiereise können Sie später als Schreib- oder Malanlass nutzen. Ihre Schüler können auch Fantasiereisen erfinden.

Der Dirigent

Ein „Detektiv-Schüler“ wird vor die Tür geschickt. Die Klasse wählt in der Zwischenzeit einen Dirigenten aus, der ohne Geräusche und nur mit Bewegungen das Spielen verschiedener Instrumente vormacht. Sobald der „Detektiv-Schüler“ in die Klasse zurückgeholt worden ist, beginnt der Dirigent mit der ersten Bewegung (z. B. Flöte spielen) und die anderen Schüler machen es ihm nach. Der Dirigent wechselt dann zu einer anderen Bewegung (z. B. Gitarre spielen), die von den anderen Schülern erneut nachgemacht wird usw. Der Detektiv muss herausfinden, wer der Dirigent ist.

U-Boote abtauchen – Daumen hoch!

6 Schüler stellen sich vor die Klasse. Ein Spielleiter sagt: „U-Boote abtauchen – Daumen hoch!“ Die sitzenden Schüler legen ihren Kopf auf den Arm und schließen die Augen. Sie strecken einen Arm nach vorn und den Daumen in die Höhe. Wenn im Klassenraum absolute Stille herrscht, schleichen die 6 Schüler los und drücken bei einem Schüler ihrer Wahl den Daumen hinunter. Sobald alle „Daumen-Drücker“ einen Daumen gedrückt und sich wieder vor die Klasse gestellt haben, dürfen die „U-Boote“ beim Kommando „U-Boote auftauchen!“ die Augen öffnen. Die Schüler, deren Daumen gedrückt wurde, stehen auf. Jedes einzelne der 6 „U-Boote“ versucht nun zu erraten, wer der persönliche „Daumen-Drücker“ war. Dazu stellen sie sich leise vor einen der 6 Schüler. Dann wird aufgelöst, ob sie richtig geraten haben. Wer richtig geraten hat, darf jetzt vor die Klasse treten. Der erratene „Daumen-Drücker“ setzt sich wieder auf seinen Stuhl und wird zum U-Boot.

Knoten im Arm

Je 4 bis 8 oder alle Schüler stehen in einem engen Kreis. Mit geschlossenen Augen strecken sie ihre Hände aus und fassen je eine fremde Hand. Dann öffnen sie die Augen und versuchen, den Knoten zu entwirren – ohne die Hände loszulassen und ohne einen Laut!

Das Blatt wenden

Je 2 bis 4 Schüler stellen sich auf eine Zeitung, die am Boden liegt. Jede Gruppe soll ihre Zeitung nun wenden, ohne sie zu verlassen und ohne einen Laut von sich zu geben. Welche Gruppe ist am schnellsten, welche am leisesten?

Roboter-Vertrauenslauf

Eine Gruppe von 3 bis 6 „Roboter-Schülern" muss von einem „Chef-Roboter" mit Kommandos (nach rechts, Bein heben, Fuß aufsetzen ...) durch einen Hindernisparcours geführt werden (Klassenraum mit Tischen und Stühlen, Schulhof mit Gerüsten, Turnhalle mit Matten, Reifen, Kegeln ...). Dabei fassen sich alle „Roboter-Schüler" an die Hand. Wie lange braucht die gesamte Gruppe bis zum Ziel? Welche Gruppe schafft es, ohne loszulassen?

Durch den Urwald

Alle Schüler versuchen, einen freiwilligen Schüler durch den Urwald zu transportieren. Der Schüler darf den Boden nicht berühren. Der Urwald kann der Klassenraum, Schulhof oder ein Parcours in der Turnhalle sein.

Ritter, Piraten und Co.

Im Klassenraum, auf dem Schulhof oder in der Turnhalle können kleine erfundene Ritter-, Piraten-, Dino-, Gespenster- oder Zauber-Geschichten bei Hindernisläufen, -parcours oder Spielen schnell für mehr Motivation und Freude bei den Schülern sorgen: „Überquert den Fluss (Rasen, Matte ...) und den Berg (Klettergerüst) ...!"

Gegen die Uhr

Die gesamte Klasse kann viele Spiele – aber auch Aufgaben – gegen die Uhr (Zeitspanne) spielen bzw. erledigen: „Schafft ihr das in drei Minuten?" Das fördert das Gemeinschaftsgefühl der Schüler.

Alle gewinnen!

Alle Schüler/Teams können per Punktestaffelung gewinnen, z.B.: „Bronze ab 5, Silber ab 8 und Gold ab 10 Punkte/Treffer/Spieler." So haben alle Schüler Erfolgserlebnisse – egal ob bei Ballspielen, Laufspielen, Kooperationsspielen etc.

Die Zeitschätzer

Die Schüler sitzen leise auf ihren Stühlen. Nach genau (!) 60 Sekunden sollen sie leise mit ihrem Stuhl in den Stuhlkreis kommen. Der Lehrer schaut auf die Uhr und sagt hinterher, wer am besten die 60 Sekunden geschätzt hat. Natürlich dürfen die Schüler selbst nicht auf die Uhr schauen. Variationen: eine andere Schätz-Zeit wählen, aus dem Erzählkreis herausgehen und auf den eigenen Platz setzen, vom Stuhl aufstehen und zu zweit aufstellen oder leise in die Hofpause gehen.

Der Massage-Sitzkreis

Schüler und Lehrer sitzen im Kreis. Alle drehen sich nach links und massieren, kneten, reiben, streicheln den Rücken des linken Sitznachbarn. Nach einiger Zeit drehen sich alle nach rechts. Nun ist der rechte Sitznachbar an der Reihe. Es ist sinnvoll, vorher Massage-Regeln zu vereinbaren, während der Massage still zu sein und beruhigende Musik zu hören. Der Clou: Alle massieren und werden gleichzeitig selbst massiert.

Wer bin ich?

Ein Schüler kommt nach vorne und flüstert dem Lehrer eine bekannte Person ins Ohr (Michael Schumacher, Hexe Lilli, Thomas Gottschalk ...). Die anderen Schüler müssen Fragen zu dieser Person stellen, die der Schüler mit „ja" oder „nein" beantworten kann. Bei jedem „Nein" macht der Lehrer einen Strich. Beim zehnten „Nein" hat der Schüler gewonnen. Oder erraten die anderen vorher die bekannte Person?

Kinder haben Rechte

Die Vereinbarung über die Rechte der Kinder wurde am 20. November 1989 von den Vereinten Nationen angenommen: die Kinderrechtskonventionen. Das ist eine Sammlung von Rechten für Kinder. Sie gelten in fast allen Ländern der Erde, auch in Deutschland. In manchen Ländern gelten diese Rechte nicht oder sie werden nicht beachtet: So werden Kinder z. B. gezwungen zu heiraten, zu arbeiten oder in Kriegen zu kämpfen.

1. Lies die zehn Kinderrechte in der linken Spalte.
2. Schreibe die Nummern vor die passenden Sätze in der rechten Spalte.
3. Erkläre die zehn Kinderrechte mit deinen eigenen Worten.

1. Recht auf Gleichheit	___	Kinder haben das Recht, zu lernen und eine Ausbildung zu machen, die ihren Bedürfnissen und Fähigkeiten entspricht.
2. Recht auf Gesundheit	___	Kinder haben das Recht, dass ihr Privatleben und ihre Würde geachtet werden.
3. Recht auf Bildung	___	Kinder haben das Recht, gesund zu leben, Geborgenheit zu finden und keine Not zu leiden.
4. Recht auf elterliche Fürsorge	___	Kein Kind darf benachteiligt werden.
5. Recht auf Privatsphäre und persönliche Ehre	___	Kinder haben das Recht, bei allen Fragen, die sie betreffen, mitzubestimmen und zu sagen, was sie denken.
6. Recht auf Meinungsäußerung, Information und Gehör	___	Kinder haben das Recht, zu spielen, sich zu erholen und künstlerisch tätig zu sein.
7. Recht auf Schutz im Krieg und auf der Flucht	___	Behinderte Kinder haben das Recht auf besondere Fürsorge und Förderung, damit sie aktiv am Leben teilnehmen können.
8. Recht auf Schutz vor Ausbeutung und Gewalt	___	Kinder haben das Recht, im Krieg und auf der Flucht besonders geschützt zu werden.
9. Recht auf Spiel, Freizeit und Ruhe	___	Kinder haben das Recht, sich alle Informationen zu beschaffen, die sie brauchen, und ihre eigene Meinung zu verbreiten.
10. Recht auf Betreuung bei Behinderung	___	Kinder haben das Recht auf Schutz vor Gewalt, Missbrauch und Ausbeutung.

Das kannst du auch noch machen:

4. Welche Rechte hast du in der Schule, welche zu Hause?
5. In welchen Ländern werden die Kinderrechte nicht geachtet?
   Forsche im Internet: *http://www.hanisauland.de/lexikon/k/kinderarbeit.html*
6. Was macht die Organisation „Unicef“?
   Forsche im Internet: *http://www.unicef.de/kids/basisfilm.php?startscreen*
7. Beachtest du die Rechte für Kinder gegenüber deinen Mitschülern, also anderen Kindern?

Bernd Wehren: Der Flüster-Führerschein · Best.Nr. 096

Kinder haben Pflichten

1. Lies die beiden Paragraphen aus dem Bürgerlichen Gesetzbuch (BGB) Deutschlands zu den Pflichten von Kindern. Erkläre die Paragraphen mit deinen Worten.

   Kinder haben Rechte, aber auch Pflichten.

   In dem Bürgerlichen Gesetzbuch (BGB) steht unter Paragraph § 1618a:
   „Eltern und Kinder sind einander Beistand und Rücksicht schuldig."

   In dem Bürgerlichen Gesetzbuch (BGB) steht unter Paragraph § 1619:
   „Das Kind ist, solange es dem elterlichen Hausstand angehört und von den Eltern erzogen oder unterhalten wird, verpflichtet, in einer seinen Kräften und seiner Lebensstellung entsprechenden Weise den Eltern in ihrem Hauswesen und Geschäft Dienste zu leisten".

2. Welche Pflichten und Aufgaben hast du zu Hause? Schreibe auf.

Das kannst du auch noch machen:

4. Welche Pflichten hast du in der Schule?
5. Welche Pflichten haben Kinder in anderen Ländern?
   Forsche im Internet: *http://www.robinson-im-netz.de/Info/Land+und+Leute.html*
6. Wann beachtest du deine Pflichten in der Schule und zu Hause? Und wann nicht?

Redensarten zu Gewalt und Frieden

1. Welche Bedeutung haben diese Redensarten? Vermute. Schreibe. Lies vor.

   a) „Wo Gewalt Recht hat, hat das Recht keine Gewalt.“

   b) „Lässt Gewalt sich blicken, geht das Recht auf Krücken.“

   c) „Willst du Frieden, so gib Frieden.“

   d) „Wer zu Gewalt schweigt, verliert sein Recht.“

   e) „Es gab noch nie einen guten Krieg oder einen schlechten Frieden.

   f) „Friede ernährt – Unfriede verzehrt.“

Das kannst du auch noch machen:

2. Denke dir eine Redensart für deine Klasse aus. Schreibe sie auf. Erkläre sie.

Was ist der „Friedensnobelpreis“?

Der Nobelpreis ist vom schwedischen Erfinder und Industriellen Alfred Nobel gestiftet worden und wird jedes Jahr für herausragende Leistungen in den Bereichen Physik, Chemie, Medizin, Literatur, (seit 1968) Wirtschaftswissenschaften und für „die Verbrüderung der Völker“ – das ist der Friedensnobelpreis – vergeben.
Der Friedensnobelpreis wird seit 1901 jedes Jahr am Todestag Alfred Nobels, dem 10. Dezember, in Oslo verliehen. Die Nobelpreisträger bekommen eine Urkunde, eine Medaille und ungefähr eine Million Euro.
Die Stiftung der Nobelpreise geht auf das Testament des sehr reichen Alfred Nobel zurück.

Aus dem Testament Alfred Nobels vom 27. November 1895:
„Mit meinem verbleibenden realisierbaren Vermögen soll auf folgende Weise verfahren werden: das Kapital, das von den Nachlassverwaltern in sichere Wertpapiere realisiert wurde, soll einen Fonds bilden, dessen Zinsen jährlich als Preis an diejenigen ausgeteilt werden sollen, die im vergangenen Jahr der Menschheit den größten Nutzen erbracht haben. Die Zinsen werden in fünf gleiche Teile aufgeteilt: […] und ein Teil an denjenigen, der am meisten oder am besten auf die Verbrüderung der Völker und die Abschaffung oder Verminderung stehender Heere sowie das Abhalten oder die Förderung von Friedenskongressen hingewirkt hat. Der Preis […] für Friedensverfechter [wird] von einem Ausschuss von fünf Personen [vergeben], die vom norwegischen Storting* gewählt werden. Es ist mein ausdrücklicher Wille, dass bei der Preisverteilung die Zuteilung nicht an irgendeiner Nationalität festgemacht wird, so dass der Würdigste den Preis erhält, ob er Skandinavier sei oder nicht.“

**norwegisches Parlament*

Quelle: http://de.wikipedia.org/wiki/Friedensnobelpreis

Somit wurde der Friedensnobelpreis zur weltweit ersten Auszeichnung für Menschen, die sich für den Weltfrieden oder Frieden zwischen Völkern eingesetzt haben.

1. Wer war Alfred Nobel?

___

2. Was ist der Friedensnobelpreis?

___

___

3. Könntet ihr in eurer Klasse auch eine Art „Friedenspreis“ verleihen? Und wie?

___

___

Wer war Mahatma Gandhi?

1. Gestalte und schreibe einen Steckbrief über Mahatma Gandhi.
   Forsche im Internet: *http://www.helles-koepfchen.de/?suche=mahatma%20gandhi*

Wichtige Lebensdaten (Geburtstag, -ort, Todestag, ...):

Höhen und Tiefen im Leben:

Besondere Leistungen (Was hat er gemacht? Und warum?):

Vorbildfunktion (Wieso war sein Handeln vorbildlich?):

2. In welcher Situation könnte „gewaltloser Widerstand“ sinnvoll sein?

Wer war Henri Dunant?

1. Gestalte und schreibe einen Steckbrief über Henri Dunant.
   Forsche im Internet: *http://www.helles-koepfchen.de/?suche=henry%20dunant*

Wichtige Lebensdaten (Geburtstag, -ort, Todestag, ...):

Höhen und Tiefen im Leben:

Besondere Leistungen (Was hat er gemacht? Und warum?):

Vorbildfunktion (Wieso war sein Handeln vorbildlich?):

2. Welche Organisation könntest du gründen? Warum und wie? Schreibe auf.

Wer ist Nelson Mandela?

1. Gestalte und schreibe einen Steckbrief über Nelson Mandela.
   Forsche im Internet: *http://www.helles-koepfchen.de/?suche=nelson%20mandela*

Wichtige Lebensdaten (Geburtstag, -ort, ...):

Höhen und Tiefen im Leben:

Besondere Leistungen (Was hat er gemacht? Und warum?):

Vorbildfunktion (Wieso ist sein Handeln vorbildlich?):

2. Wie könntest du dich für unterdrückte Menschen einsetzen? Schreibe auf.

Wer war Wangari Maathai?

1. Gestalte und schreibe einen Steckbrief über Wangari Maathai.
   Forsche im Internet: *http://www.helles-koepfchen.de/?suche=Wangari+Maathai*

Wichtige Lebensdaten (Geburtstag, -ort, Todestag, ...):

Höhen und Tiefen im Leben:

Besondere Leistungen (Was hat sie gemacht? Und warum?):

Vorbildfunktion (Wieso war ihr Handeln vorbildlich?):

2. Wie könntest du dich für deine Umwelt, für die Natur einsetzen? Schreibe auf.

Wohlfühl- und Unwohlfühl-Orte in der Schule

1. Begehe die Orte, die in der Tabelle stehen.
2. Fülle die Tabelle aus.
3. Vergleicht eure Ergebnisse.

(Bei Bedarf größer kopieren.)

Orte	Fühlst du dich dort wohl?	Warum?	Lösung und Hilfe
1. Klassenraum	☐ Ja ☐ Nein		
2. Schulflure	☐ Ja ☐ Nein		
3. Schultreppenhaus	☐ Ja ☐ Nein		
4. Schuleingang	☐ Ja ☐ Nein		
5. Schulhof	☐ Ja ☐ Nein		
6. Fahrradständer	☐ Ja ☐ Nein		
7. Schultoiletten	☐ Ja ☐ Nein		
8. Schulweg	☐ Ja ☐ Nein		

Das kannst du auch noch machen:

4. Zeichne weitere Tabellen für deine Wohlfühl- und Unwohlfühl-Orte in deiner Freizeit und in deinem Zuhause und fülle sie aus. Besprich die Ergebnisse mit deinen Eltern, deinem Trainer, Lehrer …

Mein Wohlfühl-Klassenraum

1. Male: Wie stellst du dir deinen Wohlfühl-Klassenraum vor? (Lese-Ecke, Kuschel-Ecke, Spiel-Ecke oder …).
2. Stelle deinen Wohlfühl-Klassenraum den anderen vor.
3. Entscheidet zusammen, welche Ideen für den Wohlfühl-Klassenraum in die Tat umgesetzt werden sollen. Malt auf einem Plakat euren gemeinsamen Wohlfühl-Klassenraum.
4. Erstellt einen Plan für den „Umbau" eures Klassenraumes: Wann? Wie? Wer hilft? …

(Bei Bedarf größer kopieren.)

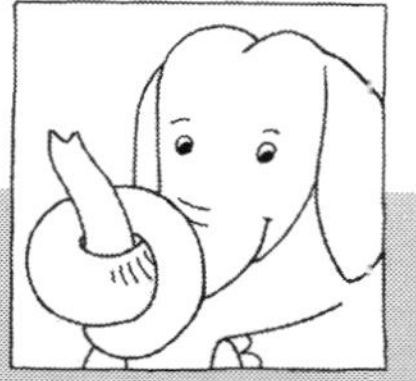

Das kannst du auch noch machen:

5. Male dein Wohlfühl-Zuhause. Zeige es deinen Eltern. Erstellt einen „Umbau-Plan".

Mein Wohlfühl-Schulhof

1. Male: Wie stellst du dir deinen Wohlfühl-Schulhof vor? (Kletterwand, Spielfelder, Spiel- und Ruhe-Zonen oder ...).
2. Stelle deinen Wohlfühl-Schulhof den anderen vor.
3. Entscheidet zusammen, welche Ideen für den Wohlfühl-Schulhof in die Tat umgesetzt werden sollen. Malt auf einem Plakat euren gemeinsamen Wohlfühl-Schulhof.
4. Stellt euren Wohlfühl-Schulhof der Schulleitung, Lehrern, Eltern und anderen Schülern vor.
5. Erstellt einen Plan für den „Umbau“ eures Schulhofes: Wann? Wie? Wer hilft? ...

(Bei Bedarf größer kopieren.)

Das kannst du auch noch machen:

5. Male dein Wohlfühl-Schulgebäude. Zeige es deinen Lehrern. Erstellt einen „Umbau-Plan“.

Pausenhelfer- und Streitschlichter-Training

1. Schneide den **Hosentaschentrainer** entlang der Linien aus. An den gestrichelten Linien kannst du ihn knicken und falten.
2. Übe nun, Gewalt-, Lärm- und Streit-Situationen zu lösen. Deine Mitschüler spielen sie vor. Regele die Situation mithilfe des Hosentaschentrainers.
3. Wenn du gezeigt hast, dass du mit diesen Situationen gut umgehen kannst, darf dein Lehrer den **Pausenhelfer-Pass** und den **Streitschlichter-Pass** unterschreiben. Als Pausenhelfer und Streitschlichter solltest du ein auffälliges Erkennungszeichen tragen, zum Beispiel eine grelle Weste. So können dich deine Mitschüler leicht erkennen und bei Problemen schnell holen.

Hosentaschentrainer:

Pausenhelfer und Streitschlichter

Name: ______________________

Klasse: __________

Schule: ______________________

Gespräch vorbereiten

1. Ich warte, bis die Streitenden ruhiger geworden sind.
2. Ich stelle mich vor: „Mein Name ist … Ich will euch helfen, damit ihr wieder friedlich miteinander umgeht."
3. „Ich erkläre euch nun die Gesprächsregeln:
   a) Wir reden nacheinander. b) Wir lassen uns ausreden.
   c) Wir hören zu. d) Gewalt und Beleidigungen sind verboten."
4. „Seid ihr mit den Regeln einverstanden?"
   (Ist ein Streitender damit nicht einverstanden, hole ich einen Lehrer.)

Gespräch leiten

5. „Du erzählst bitte in Ruhe, was passiert ist."
6. „Ich wiederhole: … Habe ich alles richtig verstanden?"
7. „Beschreibe, was dich geärgert hat und wie du dich fühlst."
   (Nun ist der Nächste an der Reihe, bis alle erzählt haben: Punkte 5–6.)
8. „Überlegt und sagt, was ihr im Streit falsch gemacht habt."
9. „Wie hat sich wohl der andere beim Streit gefühlt?"

Gespräch beenden und vertragen

10. „Was wünschst du dir vom anderen?"
11. „Was bist du bereit zu ändern?"
    (Nun ist der Nächste an der Reihe, bis alle erzählt haben: Punkte 10–11.)
12. „Ich wiederhole, was ihr euch vom anderen wünscht und was ihr bei euch ändern wollt. …"
13. „Wir schließen einen Friedensvertrag, schreiben eure Vereinbarungen auf und unterschreiben. Einverstanden?"

Pausenhelfer-Pass:

____

Name:

ist geprüfter Pausenhelfer und darf bei Verstößen gegen die Schulordnung, bei Streit und Gewaltanwendung während der Pausen helfend eingreifen und Lehrer zu Hilfe holen.
Alle Schülerinnen und Schüler unserer Schule dürfen diesen Pausenhelfer zu Hilfe holen.

____

Datum, Unterschrift der Klassenlehrerin/des Klassenlehrers

Streitschlichter-Pass:

____

Name:

ist geprüfter Streitschlichter.
Bei Streit zwischen Schülerinnen und Schülern unserer Klasse darf er helfend eingreifen und vermitteln.
Alle Schülerinnen und Schüler unserer Klasse dürfen diesen Streitschlichter zur Hilfe holen.
Jeder Streitschlichter darf selbst auch Hilfe bei Lehrern einholen.

____

Datum, Unterschrift der Klassenlehrerin/des Klassenlehrers

So wollen wir miteinander reden

Du willst jemandem auf etwas aufmerksam machen, das dich stört?
Wie willst du dann mit ihm oder ihr reden?
Und: Wie willst du angesprochen werden, wenn du dich falsch verhalten hast?

1. Kreuze mit Bleistift an, wie du reden und angesprochen werden willst. Vergleiche.
   - ○ Ich tue dem anderen mit meinen Worten weh: „Du kapierst nichts! Du bist dumm!"
   - ○ Ich sage, was ich empfinde: „Ich fühle mich schlecht, wenn du mich nicht ausreden lässt."
   - ○ Ich sage dem anderen, was mich stört, ohne ihn zu beleidigen: „Mich stört, dass du lästerst."
   - ○ Ich rede mit Wut im Bauch und suche Streit: „Du Blödmann, willst du Ärger? Komm schon!"
   - ○ Ich erpresse, unterdrücke und lasse dem anderen keine Wahl: „Ball her oder du kannst gehen!"
   - ○ Ich lästere, sage etwas Schlechtes über andere: „Peter und Nina kapieren auch gar nichts!"
   - ○ Ich sage ruhig und verständlich, was ich wünsche: „Ich wünsche mir … Ich bitte dich …"

2. Die drei Aussagen, die du angekreuzt hast, gehören zur rücksichtsvollen „Giraffensprache". Die vier Aussagen, die du nicht angekreuzt hast, gehören zur rücksichtslosen „Wolfssprache". Finde weitere Beispiele für jede Sprache.

   Giraffensprache: ______________________________

   ____

   ____

   Wolfssprache: ______________________________

   ____

   ____

3. Sucht euch Aussagen von Aufgabe 1 oder 2 aus und spielt sie vor. Wie fühlt ihr euch dabei?

4. Gestaltet ein Plakat für eure Klasse: „So wollen wir miteinander reden!" Zum Beispiel: „1. Wir begrüßen uns freundlich, … 4. Wir benutzen die ‚Giraffensprache', 5. …" Hängt das Plakat gut sichtbar auf.

Das kannst du auch noch machen:

5. Stellt euer Plakat anderen Klassen vor. Gestaltet gemeinsam ein Plakat für die ganze Schule.
6. Gestalte ein solches Plakat auch mit deinen Eltern und Geschwistern.

Positive Lehrerformulierungen (Hilfsblatt)

1. **Ein einfaches Lob ist besser als gar kein Lob:**
   - „Super! Toll! Klasse! Hervorragend! Okay! Prima! Weiter so!“
2. **Besser als ein einfaches Lob sind ein konkretes Lob und konkrete Hilfestellungen:**
   - „Du hast viel geübt. Du kannst nun noch flüssiger lesen. Weiter so!“
   - „Bei eurer Gruppenarbeit gefällt mir gut, dass ihr gemeinsam entscheidet, wer welche Aufgabe erledigt.“
   - „Jan, Lisa und Kai zeigen auf, wenn sie etwas sagen möchten. Prima! Ich wette, die anderen Kinder schaffen es auch, unsere Gesprächsregeln einzuhalten.“
   - „Alex, was hältst du davon, wenn wir gemeinsam einen Lernplan für dich aufschreiben, damit die nächste Mathe-Arbeit besser wird?“
   - „Mein Tipp für dich: Spitze deinen Bleistift an, bevor du schreibst. So ist deine Schrift noch klarer.“
   - „Schaut und hört nur, wie ruhig sich Marcel aufstellt. Schön!“
   - „Ali, Jan und Ken, wie macht ihr das? Ich bin begeistert von eurem Können – vor allem wie ihr die anderen mitspielen lasst. Großer Sport!“
   - „Julia, wenn du dich beruhigt hast, kannst du jetzt, in ein paar Minuten oder nach der Unterrichtsstunde gerne zu mir kommen. Dann kannst du mir erzählen, was passiert ist.“
   - „Ich weiß, dass ihr viele Ideen habt und diese allen erzählen wollt. Daher ist es schwer, aufzuzeigen, nacheinander zu sprechen und zuzuhören. Aber wer kann unsere Gesprächsregeln noch einmal nennen?“
   - „Tom hat die Aufgabe noch einmal gut erklärt und ihr habt zugehört.“
   - „Max hat seine Meinung zu Ninas Verhalten in der Pause sachlich und höflich begründet.“
   - „Lies deine eigenen Texte weiterhin anderen laut vor. So kannst du Fehler, Wiederholungen und Unklarheiten schnell erkennen und verbessern. Deine Texte werden dann noch verständlicher.“
   - „Wir lassen Adrian jetzt in Ruhe. Ich bin mir sicher, er hat gemerkt, dass er sich bei Lea entschuldigen sollte. Es wäre toll, wenn er das gleich in der Pause oder nach Schulschluss macht.“
3. **Witzige und motivierende Formulierungen:**
   - Unterhaltung zwischen Lehrern im Beisein von Kindern und/oder Eltern: „Ich habe die freundlichste Klasse der Welt! Meine Schüler helfen sich immer!“
   - „Liebe Kinder, ich habe eine Frage an euch: Wie schafft ihr es, so leise und friedlich miteinander zu arbeiten? Wer kann mir euer Flüster-Friedens-Geheimnis verraten?“
   - „Wenn der Peter die Tina noch einmal ärgert, bringt er ihr morgen Blumen mit!“
   - „Wer von euch schafft es, …?“
   - „Ich wette, dass ihr leise (schnell) miteinander …“
   - „Ich bin gespannt wie ein Flitzebogen …“
   - „Wenn alle sitzen, können wir mit einem Spiel beginnen.“
   - „Alle Kinder rechnen still und konzentriert.“
   - „Jeder von euch malt sein eigenes Fantasie-Tier. So erhalten wir viele verschiedene Tiere.“
   - „Das kenne ich. Manchmal hat man einen schlechten Tag. Erzähl mal. Vielleicht kann ich dir helfen.“
   - „Sollen wir die Aufgabe zusammen noch einmal lesen (rechnen)?“

- „Wer ist der leiseste Turnbeutel-Holer (Malkasten-Holer, In-die-Pause-Geher)?"
- „Zuerst stellen sich die Kinder des Enten-Tisches leise auf und die anderen achten darauf, ob das klappt."
- „Ich merke, dass ihr euch sehr angestrengt habt und jetzt eine Flitze-Pause braucht."
- „Ich bin froh, dass du in meiner Klasse bist. Mit dir haben deine Mitschüler einen freundlichen, lustigen und hilfsbereiten Kameraden."
- „Robert, erkläre Pia freundlich, was dich an ihrem Verhalten stört."
- „Was hat euch am Verhalten von Nico gefallen? Erzählt freundlich, ruhig und sachlich, damit Nico euch versteht und beim nächsten Mal sein Verhalten wiederholen kann."
- „Die Kinder, die alles weggeräumt haben und leise auf dem Stuhl sitzen, dürfen gleich in die Pause."
- „David, nenne mir bitte die Kinder, die es schaffen, leise und in Ruhe in den Stuhlkreis zu kommen."

4. Positive Anweisungen und Regel-Formulierungen – ohne „nicht", „kein" und „ohne":

- „Wir sind freundlich zueinander."
- „Unsere Regel lautet: Streit klären wir mit Worten."
- „Wir zeigen auf."
- „Wir gehen leise durch die Schule."
- „Hör bitte zu, wenn ich auch dir etwas erkläre."
- „Wir flüstern."

5. Eigene positive, witzige Formulierungen, Regeln, konkrete Hilfen und Lob:

Hausaufgaben-Gutschein
für

Du hast einmal hausaufgabenfrei. Toll!

Datum, Unterschrift der Lehrerin/des Lehrers

Spiel-Gutschein
für

Du darfst dir ein Spiel wünschen, das alle Klassenkameraden mitspielen dürfen. Toll!

Datum, Unterschrift der Lehrerin/des Lehrers

Hausaufgaben-Gutschein
für

Du hast einmal hausaufgabenfrei. Toll!

Datum, Unterschrift der Lehrerin/des Lehrers

Spiel-Gutschein
für

Du darfst dir ein Spiel wünschen, das alle Klassenkameraden mitspielen dürfen. Toll!

Datum, Unterschrift der Lehrerin/des Lehrers

Hausaufgaben-Gutschein
für

Du hast einmal hausaufgabenfrei. Toll!

Datum, Unterschrift der Lehrerin/des Lehrers

Spiel-Gutschein
für

Du darfst dir ein Spiel wünschen, das alle Klassenkameraden mitspielen dürfen. Toll!

Datum, Unterschrift der Lehrerin/des Lehrers

Zusatzaufgaben bei Gewalt und Lärm – eine Mini-Kartei

Bei Anwendung körperlicher und/oder seelischer Gewalt **Male ein Stoppschild für deine Tat und ein „Verzeih mir!"-Bild.** Datum, Unterschrift der Eltern	Bei Anwendung körperlicher und/oder seelischer Gewalt **Rufe bei dem Kind an und entschuldige dich.** **Tel.-Nr.:** __________ Datum, Unterschrift der Eltern
Bei Unpünktlichkeit **Schreibe die Geschichte „Als ich zu spät zur Verabredung kam".** Datum, Unterschrift der Eltern	Bei Nichtbefolgen von Lehrer-Anweisungen **Schreibe die Geschichte „Der verbotene Baustellen-Besuch und seine Folgen".** Datum, Unterschrift der Eltern
Bei Anwendung körperlicher Gewalt **Erfinde einen neuen Kampfsport. Male und schreibe die Regeln auf.** Datum, Unterschrift der Eltern	Bei allen Regelverstößen **Befrage Schüler und Eltern, wieso man das nicht tut. Schreibe alle Gründe auf.** Datum, Unterschrift der Eltern
Bei Anwendung körperlicher und/oder seelischer Gewalt **Male und schreibe einen Entschuldigungsbrief.** Datum, Unterschrift der Eltern	Bei Anwendung von Gewalt gegen Dinge **Bringe es wieder in den alten Zustand. Schreibe dieses Erlebnis auf.** Datum, Unterschrift der Eltern
Bei lautem Verhalten **Male und schreibe einen Entschuldigungsbrief an deine Klasse.** Datum, Unterschrift der Eltern	Bei lautem Verhalten **Welche Orte und Dinge sind sehr laut? Was kann man dagegen tun? Schreibe.** Datum, Unterschrift der Eltern
Bei lautem Verhalten **Schreibe Gründe auf, warum Kinder in der Klasse und im Schulgebäude leise sein müssen.** Datum, Unterschrift der Eltern	Bei lautem Verhalten **Male ein Stille-Zeichen. Erkläre es deinen Mitschülern. Hänge es auf.** Datum, Unterschrift der Eltern

Regelposter oder Regelkarten zum Ausschneiden und Aufhängen (I)

Flüster-Führerschein **Still-Arbeit**  	Flüster-Führerschein **Flüster-Arbeit** 
Flüster-Führerschein **Wir zeigen auf.** 	Flüster-Führerschein **Wir gehen leise durch Klasse und Schule.** 
Flüster-Führerschein **Verbot! Lärm verursachen!** 	Flüster-Führerschein **Ich höre zu und lasse andere ausreden.** 

Regelposter oder Regelkarten zum Ausschneiden und Aufhängen (II)

Flüster-Führerschein

Wir sind höflich und benutzen nette Worte.

Flüster-Führerschein

Wir helfen uns.

Flüster-Führerschein

Wir spielen friedlich miteinander.

Flüster-Führerschein

Streit klären wir mit Worten.

Flüster-Führerschein

Verbot! Körperliche Gewalt

gegen Menschen, Tiere, Dinge

Flüster-Führerschein

Verbot! Seelische Gewalt

Gib her, sonst bist du nicht mehr meine Freundin!

(Bitte mit Seite 75 auf DIN A3 vergrößern, anmalen, von allen Schülern unterschreiben lassen und im Klassenraum aufhängen.)

Flüster- und Friedensposter der Klasse ______

1. Ich bin ich!
Und du bist
du!
Jeder ist
einzigartig
und wir
lassen uns
in Ruh.

2. Wir spielen
und arbeiten
in Frieden!
Ist doch
klar, dass
wir das
hinkriegen.

3. Und macht es doch mal „Bumm!“, finden wir gemeinsam eine Lösung!

Unsere Unterschriften:

(Bitte mit Seite 74 auf DIN A3 vergrößern, anmalen, von allen Schülern unterschreiben lassen und im Klassenraum aufhängen.)

(Diesen Vertrag gemeinsam ausfüllen und für jeden, der unterschreibt, kopieren.)

Flüster-Friedensvertrag

zwischen

____

und

____

Ich/Wir, ______________________________, will mein/wollen unser
(Namen des Täters/der Täter)

Verhalten gegenüber ______________________________ sofort ändern.

Meine/Unsere Wiedergutmachung lautet:

____

____

Unsere Vereinbarung für die Zukunft lautet:

____

____

Sollte ich mich/Sollten wir uns nicht an die Vereinbarung halten,
hat das diese Folgen für mich/uns:

____

____

Meine Eltern werden über diesen Vertrag informiert: ○ nein ○ ja ______________ (Datum)

Wir treffen uns zu einem Abschlussgespräch: ○ nein ○ ja

Das Treffen findet statt ______________________________, mit/ohne Eltern.
(Ort, Datum, Uhrzeit)

Unterschriften: ______________________________

Ort, Datum: ______________________________ (Schulstempel)

Klassenliste zum Abhaken der bestandenen „Flüster-Führerschein-Prüfungen“

Kriterien (vgl. hierzu auch „Empfohlener Ablauf der Flüster-Führerschein-Prüfungen“ auf Seite 6–7)

a = Aufzeigen und zuhören
b = 10, 15 bzw. 20 Minuten Stillarbeit
c = Zu zweit in einer Reihe leise aufstellen
d = Keine Gewalt und keine Beleidigungen! Friedlicher und freundlicher Umgang!
e = Hefte, Bücher und andere Materialien schnell und leise ein- und ausräumen
f = Leise durch Klasse und Schule! Im Flüsterton mit Mitschülern arbeiten!
g = Stuhlkreis und Tischumstellungen: Stuhl und Tisch leise tragen, hoch- und herunterstellen
h = Erkläre: a) Gesprächs- und Verhaltensregeln
b) Was tun bei Lärm und Gewalt?

Flüster-Führerschein	Bronze			Silber		Gold
Prüfung	1	2	3	4	5	6
Schülername:						
	a b c d	a b c d	a b c d	a b c d e f	a b c d e f	a b c d e f g h
	a b c d	a b c d	a b c d	a b c d e f	a b c d e f	a b c d e f g h
	a b c d	a b c d	a b c d	a b c d e f	a b c d e f	a b c d e f g h
	a b c d	a b c d	a b c d	a b c d e f	a b c d e f	a b c d e f g h
	a b c d	a b c d	a b c d	a b c d e f	a b c d e f	a b c d e f g h
	a b c d	a b c d	a b c d	a b c d e f	a b c d e f	a b c d e f g h
	a b c d	a b c d	a b c d	a b c d e f	a b c d e f	a b c d e f g h
	a b c d	a b c d	a b c d	a b c d e f	a b c d e f	a b c d e f g h
	a b c d	a b c d	a b c d	a b c d e f	a b c d e f	a b c d e f g h
	a b c d	a b c d	a b c d	a b c d e f	a b c d e f	a b c d e f g h
	a b c d	a b c d	a b c d	a b c d e f	a b c d e f	a b c d e f g h
	a b c d	a b c d	a b c d	a b c d e f	a b c d e f	a b c d e f g h
	a b c d	a b c d	a b c d	a b c d e f	a b c d e f	a b c d e f g h
	a b c d	a b c d	a b c d	a b c d e f	a b c d e f	a b c d e f g h
	a b c d	a b c d	a b c d	a b c d e f	a b c d e f	a b c d e f g h
	a b c d	a b c d	a b c d	a b c d e f	a b c d e f	a b c d e f g h
	a b c d	a b c d	a b c d	a b c d e f	a b c d e f	a b c d e f g h
	a b c d	a b c d	a b c d	a b c d e f	a b c d e f	a b c d e f g h
	a b c d	a b c d	a b c d	a b c d e f	a b c d e f	a b c d e f g h
	a b c d	a b c d	a b c d	a b c d e f	a b c d e f	a b c d e f g h

Flüster-Führerschein

Urkunde

für

____

Du kannst alleine und mit anderen Kindern
in der Klasse und in der Schule
leise spielen und arbeiten.
Du achtest darauf, dass du freundlich und friedlich
zu deinen Mitschülern und Lehrern bist.
Du meldest dich, zeigst auf und hörst anderen zu.
Du weißt, was du bei Lärm, Streit, Gewalt und
Beleidigungen tun kannst.

Toll! Weiter so!

Dein Freddy Flüster

Goldener Flüster-Führerschein	6.
Aufzeigen und zuhören	
20 Minuten Stillarbeit	
Zu zweit in einer Reihe leise aufstellen	
Keine Gewalt und keine Beleidigungen! Friedlicher und freundlicher Umgang!	
Hefte, Bücher und andere Materialien schnell und leise ein- und ausräumen	
Leise durch Klasse und Schule! Im Flüsterton mit Mitschülern arbeiten!	
Stuhl und Tisch leise tragen, hoch- und herunterstellen	
a) Gesprächs- und Verhaltensregeln b) Was tun bei Lärm und Gewalt?	

6. Prüfung ______________

Datum und Unterschrift

Flüster-Führerschein

____

Name

Bronzener Flüster-Führerschein	1.	2.	3.
Aufzeigen und zuhören			
10 Minuten Stillarbeit			
Zu zweit in einer Reihe leise aufstellen			
Keine Gewalt und keine Beleidigungen! Friedlicher und freundlicher Umgang!			

1. Prüfung ______________

2. Prüfung ______________

3. Prüfung ______________

Datum und Unterschrift

Silberner Flüster-Führerschein	4.	5.
Aufzeigen und zuhören		
15 Minuten Stillarbeit		
Zu zweit in einer Reihe leise aufstellen		
Keine Gewalt und keine Beleidigungen! Friedlicher und freundlicher Umgang!		
Hefte, Bücher und andere Materialien schnell und leise ein- und ausräumen		
Leise durch Klasse und Schule! Im Flüsterton mit Mitschülern arbeiten!		

4. Prüfung ______________

5. Prüfung ______________

Datum und Unterschrift

Goldener Flüster-Führerschein	6.
Aufzeigen und zuhören	
20 Minuten Stillarbeit	
Zu zweit in einer Reihe leise aufstellen	
Keine Gewalt und keine Beleidigungen! Friedlicher und freundlicher Umgang!	
Hefte, Bücher und andere Materialien schnell und leise ein- und ausräumen	
Leise durch Klasse und Schule! Im Flüsterton mit Mitschülern arbeiten!	
Stuhl und Tisch leise tragen, hoch- und herunterstellen	
a) Gesprächs- und Verhaltensregeln b) Was tun bei Lärm und Gewalt?	

6. Prüfung ______________

Datum und Unterschrift

Flüster-Führerschein

____

Name

Bronzener Flüster-Führerschein	1.	2.	3.
Aufzeigen und zuhören			
10 Minuten Stillarbeit			
Zu zweit in einer Reihe leise aufstellen			
Keine Gewalt und keine Beleidigungen! Friedlicher und freundlicher Umgang!			

1. Prüfung ______________

2. Prüfung ______________

3. Prüfung ______________

Datum und Unterschrift

© Brigg Verlag KG, Friedberg · Best.Nr. 096 (Buch), 102 (Führerscheine)

Silberner Flüster-Führerschein	4.	5.
Aufzeigen und zuhören		
15 Minuten Stillarbeit		
Zu zweit in einer Reihe leise aufstellen		
Keine Gewalt und keine Beleidigungen! Friedlicher und freundlicher Umgang!		
Hefte, Bücher und andere Materialien schnell und leise ein- und ausräumen		
Leise durch Klasse und Schule! Im Flüsterton mit Mitschülern arbeiten!		

4. Prüfung ______________

5. Prüfung ______________

Datum und Unterschrift

Goldener Flüster-Führerschein	6.
Aufzeigen und zuhören	
20 Minuten Stillarbeit	
Zu zweit in einer Reihe leise aufstellen	
Keine Gewalt und keine Beleidigungen! Friedlicher und freundlicher Umgang!	
Hefte, Bücher und andere Materialien schnell und leise ein- und ausräumen	
Leise durch Klasse und Schule! Im Flüsterton mit Mitschülern arbeiten!	
Stuhl und Tisch leise tragen, hoch- und herunterstellen	
a) Gesprächs- und Verhaltensregeln b) Was tun bei Lärm und Gewalt?	

6. Prüfung

Datum und Unterschrift

Flüster-Führerschein

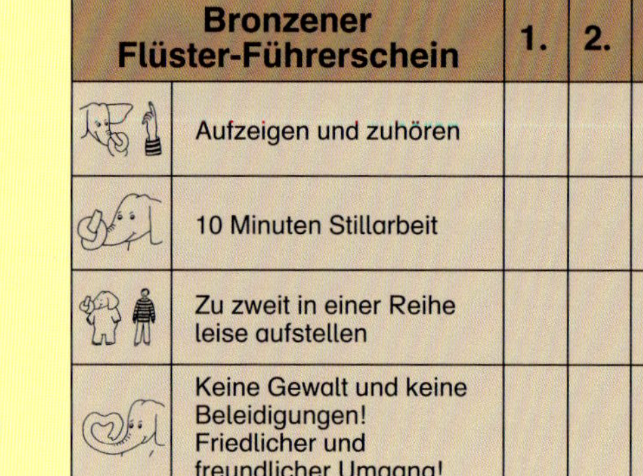

Name

Bronzener Flüster-Führerschein	1.	2.	3.
Aufzeigen und zuhören			
10 Minuten Stillarbeit			
Zu zweit in einer Reihe leise aufstellen			
Keine Gewalt und keine Beleidigungen! Friedlicher und freundlicher Umgang!			

1. Prüfung

2. Prüfung

3. Prüfung

Datum und Unterschrift

Silberner Flüster-Führerschein	4.	5.
Aufzeigen und zuhören		
15 Minuten Stillarbeit		
Zu zweit in einer Reihe leise aufstellen		
Keine Gewalt und keine Beleidigungen! Friedlicher und freundlicher Umgang!		
Hefte, Bücher und andere Materialien schnell und leise ein- und ausräumen		
Leise durch Klasse und Schule! Im Flüsterton mit Mitschülern arbeiten!		

4. Prüfung

5. Prüfung

Datum und Unterschrift

Goldener Flüster-Führerschein	6.
Aufzeigen und zuhören	
20 Minuten Stillarbeit	
Zu zweit in einer Reihe leise aufstellen	
Keine Gewalt und keine Beleidigungen! Friedlicher und freundlicher Umgang!	
Hefte, Bücher und andere Materialien schnell und leise ein- und ausräumen	
Leise durch Klasse und Schule! Im Flüsterton mit Mitschülern arbeiten!	
Stuhl und Tisch leise tragen, hoch- und herunterstellen	
a) Gesprächs- und Verhaltensregeln b) Was tun bei Lärm und Gewalt?	

6. Prüfung

Datum und Unterschrift

Flüster-Führerschein

Name

Bronzener Flüster-Führerschein	1.	2.	3.
Aufzeigen und zuhören			
10 Minuten Stillarbeit			
Zu zweit in einer Reihe leise aufstellen			
Keine Gewalt und keine Beleidigungen! Friedlicher und freundlicher Umgang!			

1. Prüfung

2. Prüfung

3. Prüfung

Datum und Unterschrift

© Brigg Verlag KG, Friedberg · Best.Nr. 096 (Buch), 102 (Führerscheine)

Silberner Flüster-Führerschein	4.	5.
Aufzeigen und zuhören		
15 Minuten Stillarbeit		
Zu zweit in einer Reihe leise aufstellen		
Keine Gewalt und keine Beleidigungen! Friedlicher und freundlicher Umgang!		
Hefte, Bücher und andere Materialien schnell und leise ein- und ausräumen		
Leise durch Klasse und Schule! Im Flüsterton mit Mitschülern arbeiten!		

4. Prüfung

5. Prüfung

Datum und Unterschrift

Goldener Flüster-Führerschein	6.
Aufzeigen und zuhören	
20 Minuten Stillarbeit	
Zu zweit in einer Reihe leise aufstellen	
Keine Gewalt und keine Beleidigungen! Friedlicher und freundlicher Umgang!	
Hefte, Bücher und andere Materialien schnell und leise ein- und ausräumen	
Leise durch Klasse und Schule! Im Flüsterton mit Mitschülern arbeiten!	
Stuhl und Tisch leise tragen, hoch- und herunterstellen	
a) Gesprächs- und Verhaltensregeln b) Was tun bei Lärm und Gewalt?	

6. Prüfung ____________________
Datum und Unterschrift

Flüster-Führerschein

____
Name

Bronzener Flüster-Führerschein	1.	2.	3.
Aufzeigen und zuhören			
10 Minuten Stillarbeit			
Zu zweit in einer Reihe leise aufstellen			
Keine Gewalt und keine Beleidigungen! Friedlicher und freundlicher Umgang!			

1. Prüfung ____________________

2. Prüfung ____________________

3. Prüfung ____________________
Datum und Unterschrift

Silberner Flüster-Führerschein	4.	5.
Aufzeigen und zuhören		
15 Minuten Stillarbeit		
Zu zweit in einer Reihe leise aufstellen		
Keine Gewalt und keine Beleidigungen! Friedlicher und freundlicher Umgang!		
Hefte, Bücher und andere Materialien schnell und leise ein- und ausräumen		
Leise durch Klasse und Schule! Im Flüsterton mit Mitschülern arbeiten!		

4. Prüfung ____________________

5. Prüfung ____________________
Datum und Unterschrift

Goldener Flüster-Führerschein	6.
Aufzeigen und zuhören	
20 Minuten Stillarbeit	
Zu zweit in einer Reihe leise aufstellen	
Keine Gewalt und keine Beleidigungen! Friedlicher und freundlicher Umgang!	
Hefte, Bücher und andere Materialien schnell und leise ein- und ausräumen	
Leise durch Klasse und Schule! Im Flüsterton mit Mitschülern arbeiten!	
Stuhl und Tisch leise tragen, hoch- und herunterstellen	
a) Gesprächs- und Verhaltensregeln b) Was tun bei Lärm und Gewalt?	

6. Prüfung ____________________
Datum und Unterschrift

Flüster-Führerschein

____
Name

Bronzener Flüster-Führerschein	1.	2.	3.
Aufzeigen und zuhören			
10 Minuten Stillarbeit			
Zu zweit in einer Reihe leise aufstellen			
Keine Gewalt und keine Beleidigungen! Friedlicher und freundlicher Umgang!			

1. Prüfung ____________________

2. Prüfung ____________________

3. Prüfung ____________________
Datum und Unterschrift

Silberner Flüster-Führerschein	4.	5.
Aufzeigen und zuhören		
15 Minuten Stillarbeit		
Zu zweit in einer Reihe leise aufstellen		
Keine Gewalt und keine Beleidigungen! Friedlicher und freundlicher Umgang!		
Hefte, Bücher und andere Materialien schnell und leise ein- und ausräumen		
Leise durch Klasse und Schule! Im Flüsterton mit Mitschülern arbeiten!		

4. Prüfung ____________________

5. Prüfung ____________________
Datum und Unterschrift

Goldener Flüster-Führerschein	6.
Aufzeigen und zuhören	
20 Minuten Stillarbeit	
Zu zweit in einer Reihe leise aufstellen	
Keine Gewalt und keine Beleidigungen! Friedlicher und freundlicher Umgang!	
Hefte, Bücher und andere Materialien schnell und leise ein- und ausräumen	
Leise durch Klasse und Schule! Im Flüsterton mit Mitschülern arbeiten!	
Stuhl und Tisch leise tragen, hoch- und herunterstellen	
a) Gesprächs- und Verhaltensregeln b) Was tun bei Lärm und Gewalt?	

6. Prüfung ______________

Datum und Unterschrift

Flüster-Führerschein

____

Name

Bronzener Flüster-Führerschein	1.	2.	3.
Aufzeigen und zuhören			
10 Minuten Stillarbeit			
Zu zweit in einer Reihe leise aufstellen			
Keine Gewalt und keine Beleidigungen! Friedlicher und freundlicher Umgang!			

1. Prüfung ______________

2. Prüfung ______________

3. Prüfung ______________

Datum und Unterschrift

Silberner Flüster-Führerschein	4.	5.
Aufzeigen und zuhören		
15 Minuten Stillarbeit		
Zu zweit in einer Reihe leise aufstellen		
Keine Gewalt und keine Beleidigungen! Friedlicher und freundlicher Umgang!		
Hefte, Bücher und andere Materialien schnell und leise ein- und ausräumen		
Leise durch Klasse und Schule! Im Flüsterton mit Mitschülern arbeiten!		

4. Prüfung ______________

5. Prüfung ______________

Datum und Unterschrift

Goldener Flüster-Führerschein	6.
Aufzeigen und zuhören	
20 Minuten Stillarbeit	
Zu zweit in einer Reihe leise aufstellen	
Keine Gewalt und keine Beleidigungen! Friedlicher und freundlicher Umgang!	
Hefte, Bücher und andere Materialien schnell und leise ein- und ausräumen	
Leise durch Klasse und Schule! Im Flüsterton mit Mitschülern arbeiten!	
Stuhl und Tisch leise tragen, hoch- und herunterstellen	
a) Gesprächs- und Verhaltensregeln b) Was tun bei Lärm und Gewalt?	

6. Prüfung ______________

Datum und Unterschrift

Flüster-Führerschein

____

Name

Bronzener Flüster-Führerschein	1.	2.	3.
Aufzeigen und zuhören			
10 Minuten Stillarbeit			
Zu zweit in einer Reihe leise aufstellen			
Keine Gewalt und keine Beleidigungen! Friedlicher und freundlicher Umgang!			

1. Prüfung ______________

2. Prüfung ______________

3. Prüfung ______________

Datum und Unterschrift

© Brigg Verlag KG, Friedberg · Best.Nr. 096 (Buch), 102 (Führerscheine)

Silberner Flüster-Führerschein	4.	5.
Aufzeigen und zuhören		
15 Minuten Stillarbeit		
Zu zweit in einer Reihe leise aufstellen		
Keine Gewalt und keine Beleidigungen! Friedlicher und freundlicher Umgang!		
Hefte, Bücher und andere Materialien schnell und leise ein- und ausräumen		
Leise durch Klasse und Schule! Im Flüsterton mit Mitschülern arbeiten!		

4. Prüfung ______________

5. Prüfung ______________

Datum und Unterschrift

Goldener Flüster-Führerschein		6.
	Aufzeigen und zuhören	
	20 Minuten Stillarbeit	
	Zu zweit in einer Reihe leise aufstellen	
	Keine Gewalt und keine Beleidigungen! Friedlicher und freundlicher Umgang!	
	Hefte, Bücher und andere Materialien schnell und leise ein- und ausräumen	
	Leise durch Klasse und Schule! Im Flüsterton mit Mitschülern arbeiten!	
	Stuhl und Tisch leise tragen, hoch- und herunterstellen	
	a) Gesprächs- und Verhaltensregeln b) Was tun bei Lärm und Gewalt?	

6. Prüfung ____________

Datum und Unterschrift

Flüster-Führerschein

____

Name

Bronzener Flüster-Führerschein		1.	2.	3.
	Aufzeigon und zuhören			
	10 Minuten Stillarbeit			
	Zu zweit in einer Reihe leise aufstellen			
	Keine Gewalt und keine Beleidigungen! Friedlicher und freundlicher Umgang!			

1. Prüfung ____________

2. Prüfung ____________

3. Prüfung ____________

Datum und Unterschrift

Silberner Flüster-Führerschein		4.	5.
	Aufzeigen und zuhören		
	15 Minuten Stillarbeit		
	Zu zweit in einer Reihe leise aufstellen		
	Keine Gewalt und keine Beleidigungen! Friedlicher und freundlicher Umgang!		
	Hefte, Bücher und andere Materialien schnell und leise ein- und ausräumen		
	Leise durch Klasse und Schule! Im Flüsterton mit Mitschülern arbeiten!		

4. Prüfung ____________

5. Prüfung ____________

Datum und Unterschrift

Goldener Flüster-Führerschein		6.
	Aufzeigen und zuhören	
	20 Minuten Stillarbeit	
	Zu zweit in einer Reihe leise aufstellen	
	Keine Gewalt und keine Beleidigungen! Friedlicher und freundlicher Umgang!	
	Hefte, Bücher und andere Materialien schnell und leise ein- und ausräumen	
	Leise durch Klasse und Schule! Im Flüsterton mit Mitschülern arbeiten!	
	Stuhl und Tisch leise tragen, hoch- und herunterstellen	
	a) Gesprächs- und Verhaltensregeln b) Was tun bei Lärm und Gewalt?	

6. Prüfung ____________

Datum und Unterschrift

Flüster-Führerschein

____

Name

Bronzener Flüster-Führerschein		1.	2.	3.
	Aufzeigen und zuhören			
	10 Minuten Stillarbeit			
	Zu zweit in einer Reihe leise aufstellen			
	Keine Gewalt und keine Beleidigungen! Friedlicher und freundlicher Umgang!			

1. Prüfung ____________

2. Prüfung ____________

3. Prüfung ____________

Datum und Unterschrift

Silberner Flüster-Führerschein		4.	5.
	Aufzeigen und zuhören		
	15 Minuten Stillarbeit		
	Zu zweit in einer Reihe leise aufstellen		
	Keine Gewalt und keine Beleidigungen! Friedlicher und freundlicher Umgang!		
	Hefte, Bücher und andere Materialien schnell und leise ein- und ausräumen		
	Leise durch Klasse und Schule! Im Flüsterton mit Mitschülern arbeiten!		

4. Prüfung ____________

5. Prüfung ____________

Datum und Unterschrift

Goldener Flüster-Führerschein	6.
Aufzeigen und zuhören	
20 Minuten Stillarbeit	
Zu zweit in einer Reihe leise aufstellen	
Keine Gewalt und keine Beleidigungen! Friedlicher und freundlicher Umgang!	
Hefte, Bücher und andere Materialien schnell und leise ein- und ausräumen	
Leise durch Klasse und Schule! Im Flüsterton mit Mitschülern arbeiten!	
Stuhl und Tisch leise tragen, hoch- und herunterstellen	
a) Gesprächs- und Verhaltensregeln b) Was tun bei Lärm und Gewalt?	

6. Prüfung ______________

Datum und Unterschrift

Flüster-Führerschein

____

Name

Bronzener Flüster-Führerschein	1.	2.	3.
Aufzeigen und zuhören			
10 Minuten Stillarbeit			
Zu zweit in einer Reihe leise aufstellen			
Keine Gewalt und keine Beleidigungen! Friedlicher und freundlicher Umgang!			

1. Prüfung ______________

2. Prüfung ______________

3. Prüfung ______________

Datum und Unterschrift

Silberner Flüster-Führerschein	4.	5.
Aufzeigen und zuhören		
15 Minuten Stillarbeit		
Zu zweit in einer Reihe leise aufstellen		
Keine Gewalt und keine Beleidigungen! Friedlicher und freundlicher Umgang!		
Hefte, Bücher und andere Materialien schnell und leise ein- und ausräumen		
Leise durch Klasse und Schule! Im Flüsterton mit Mitschülern arbeiten!		

4. Prüfung ______________

5. Prüfung ______________

Datum und Unterschrift

Goldener Flüster-Führerschein	6.
Aufzeigen und zuhören	
20 Minuten Stillarbeit	
Zu zweit in einer Reihe leise aufstellen	
Keine Gewalt und keine Beleidigungen! Friedlicher und freundlicher Umgang!	
Hefte, Bücher und andere Materialien schnell und leise ein- und ausräumen	
Leise durch Klasse und Schule! Im Flüsterton mit Mitschülern arbeiten!	
Stuhl und Tisch leise tragen, hoch- und herunterstellen	
a) Gesprächs- und Verhaltensregeln b) Was tun bei Lärm und Gewalt?	

6. Prüfung ______________

Datum und Unterschrift

Flüster-Führerschein

____

Name

Bronzener Flüster-Führerschein	1.	2.	3.
Aufzeigen und zuhören			
10 Minuten Stillarbeit			
Zu zweit in einer Reihe leise aufstellen			
Keine Gewalt und keine Beleidigungen! Friedlicher und freundlicher Umgang!			

1. Prüfung ______________

2. Prüfung ______________

3. Prüfung ______________

Datum und Unterschrift

© Brigg Verlag KG, Friedberg · Best.Nr. 096 (Buch), 102 (Führerscheine)

Silberner Flüster-Führerschein	4.	5.
Aufzeigen und zuhören		
15 Minuten Stillarbeit		
Zu zweit in einer Reihe leise aufstellen		
Keine Gewalt und keine Beleidigungen! Friedlicher und freundlicher Umgang!		
Hefte, Bücher und andere Materialien schnell und leise ein- und ausräumen		
Leise durch Klasse und Schule! Im Flüsterton mit Mitschülern arbeiten!		

4. Prüfung ______________

5. Prüfung ______________

Datum und Unterschrift

Goldener Flüster-Führerschein	6.
Aufzeigen und zuhören	
20 Minuten Stillarbeit	
Zu zweit in einer Reihe leise aufstellen	
Keine Gewalt und keine Beleidigungen! Friedlicher und freundlicher Umgang!	
Hefte, Bücher und andere Materialien schnell und leise ein- und ausräumen	
Leise durch Klasse und Schule! Im Flüsterton mit Mitschülern arbeiten!	
Stuhl und Tisch leise tragen, hoch- und herunterstellen	
a) Gesprächs- und Verhaltensregeln b) Was tun bei Lärm und Gewalt?	

6. Prüfung ______________

Datum und Unterschrift

Flüster-Führerschein

____

Name

Bronzener Flüster-Führerschein	1.	2.	3.
Aufzeigen und zuhören			
10 Minuten Stillarbeit			
Zu zweit in einer Reihe leise aufstellen			
Keine Gewalt und keine Beleidigungen! Friedlicher und freundlicher Umgang!			

1. Prüfung ______________

2. Prüfung ______________

3. Prüfung ______________

Datum und Unterschrift

Silberner Flüster-Führerschein	4.	5.
Aufzeigen und zuhören		
15 Minuten Stillarbeit		
Zu zweit in einer Reihe leise aufstellen		
Keine Gewalt und keine Beleidigungen! Friedlicher und freundlicher Umgang!		
Hefte, Bücher und andere Materialien schnell und leise ein- und ausräumen		
Leise durch Klasse und Schule! Im Flüsterton mit Mitschülern arbeiten!		

4. Prüfung ______________

5. Prüfung ______________

Datum und Unterschrift

Goldener Flüster-Führerschein	6.
Aufzeigen und zuhören	
20 Minuten Stillarbeit	
Zu zweit in einer Reihe leise aufstellen	
Keine Gewalt und keine Beleidigungen! Friedlicher und freundlicher Umgang!	
Hefte, Bücher und andere Materialien schnell und leise ein- und ausräumen	
Leise durch Klasse und Schule! Im Flüsterton mit Mitschülern arbeiten!	
Stuhl und Tisch leise tragen, hoch- und herunterstellen	
a) Gesprächs- und Verhaltensregeln b) Was tun bei Lärm und Gewalt?	

6. Prüfung ______________

Datum und Unterschrift

Flüster-Führerschein

____

Name

Bronzener Flüster-Führerschein	1.	2.	3.
Aufzeigen und zuhören			
10 Minuten Stillarbeit			
Zu zweit in einer Reihe leise aufstellen			
Keine Gewalt und keine Beleidigungen! Friedlicher und freundlicher Umgang!			

1. Prüfung ______________

2. Prüfung ______________

3. Prüfung ______________

Datum und Unterschrift

© Brigg Verlag KG, Friedberg · Best.Nr. 096 (Buch), 102 (Führerscheine)

Silberner Flüster-Führerschein	4.	5.
Aufzeigen und zuhören		
15 Minuten Stillarbeit		
Zu zweit in einer Reihe leise aufstellen		
Keine Gewalt und keine Beleidigungen! Friedlicher und freundlicher Umgang!		
Hefte, Bücher und andere Materialien schnell und leise ein- und ausräumen		
Leise durch Klasse und Schule! Im Flüsterton mit Mitschülern arbeiten!		

4. Prüfung ______________

5. Prüfung ______________

Datum und Unterschrift

Goldener Flüster-Führerschein	6.
Aufzeigen und zuhören	
20 Minuten Stillarbeit	
Zu zweit in einer Reihe leise aufstellen	
Keine Gewalt und keine Beleidigungen! Friedlicher und freundlicher Umgang!	
Hefte, Bücher und andere Materialien schnell und leise ein- und ausräumen	
Leise durch Klasse und Schule! Im Flüsterton mit Mitschülern arbeiten!	
Stuhl und Tisch leise tragen, hoch- und herunterstellen	
a) Gesprächs- und Verhaltensregeln b) Was tun bei Lärm und Gewalt?	

6. Prüfung

Datum und Unterschrift

Flüster-Führerschein

Name

Bronzener Flüster-Führerschein	1.	2.	3.
Aufzeigen und zuhören			
10 Minuten Stillarbeit			
Zu zweit in einer Reihe leise aufstellen			
Keine Gewalt und keine Beleidigungen! Friedlicher und freundlicher Umgang!			

1. Prüfung

2. Prüfung

3. Prüfung

Datum und Unterschrift

Silberner Flüster-Führerschein	4.	5.
Aufzeigen und zuhören		
15 Minuten Stillarbeit		
Zu zweit in einer Reihe leise aufstellen		
Keine Gewalt und keine Beleidigungen! Friedlicher und freundlicher Umgang!		
Hefte, Bücher und andere Materialien schnell und leise ein- und ausräumen		
Leise durch Klasse und Schule! Im Flüsterton mit Mitschülern arbeiten!		

4. Prüfung

5. Prüfung

Datum und Unterschrift

Goldener Flüster-Führerschein	6.
Aufzeigen und zuhören	
20 Minuten Stillarbeit	
Zu zweit in einer Reihe leise aufstellen	
Keine Gewalt und keine Beleidigungen! Friedlicher und freundlicher Umgang!	
Hefte, Bücher und andere Materialien schnell und leise ein- und ausräumen	
Leise durch Klasse und Schule! Im Flüsterton mit Mitschülern arbeiten!	
Stuhl und Tisch leise tragen, hoch- und herunterstellen	
a) Gesprächs- und Verhaltensregeln b) Was tun bei Lärm und Gewalt?	

6. Prüfung

Datum und Unterschrift

Flüster-Führerschein

Name

Bronzener Flüster-Führerschein	1.	2.	3.
Aufzeigen und zuhören			
10 Minuten Stillarbeit			
Zu zweit in einer Reihe leise aufstellen			
Keine Gewalt und keine Beleidigungen! Friedlicher und freundlicher Umgang!			

1. Prüfung

2. Prüfung

3. Prüfung

Datum und Unterschrift

© Brigg Verlag KG, Friedberg · Best.Nr. 096 (Buch), 102 (Führerscheine)

Silberner Flüster-Führerschein	4.	5.
Aufzeigen und zuhören		
15 Minuten Stillarbeit		
Zu zweit in einer Reihe leise aufstellen		
Keine Gewalt und keine Beleidigungen! Friedlicher und freundlicher Umgang!		
Hefte, Bücher und andere Materialien schnell und leise ein- und ausräumen		
Leise durch Klasse und Schule! Im Flüsterton mit Mitschülern arbeiten!		

4. Prüfung

5. Prüfung

Datum und Unterschrift

Goldener Flüster-Führerschein	6.
Aufzeigen und zuhören	
20 Minuten Stillarbeit	
Zu zweit in einer Reihe leise aufstellen	
Keine Gewalt und keine Beleidigungen! Friedlicher und freundlicher Umgang!	
Hefte, Bücher und andere Materialien schnell und leise ein- und ausräumen	
Leise durch Klasse und Schule! Im Flüsterton mit Mitschülern arbeiten!	
Stuhl und Tisch leise tragen, hoch- und herunterstellen	
a) Gesprächs- und Verhaltensregeln b) Was tun bei Lärm und Gewalt?	

6. Prüfung ______________________
Datum und Unterschrift

Flüster-Führerschein

____
Name

Bronzener Flüster-Führerschein	1.	2.	3.
Aufzeigen und zuhören			
10 Minuten Stillarbeit			
Zu zweit in einer Reihe leise aufstellen			
Keine Gewalt und keine Beleidigungen! Friedlicher und freundlicher Umgang!			

1. Prüfung ______________________

2. Prüfung ______________________

3. Prüfung ______________________
Datum und Unterschrift

Silberner Flüster-Führerschein	4.	5.
Aufzeigen und zuhören		
15 Minuten Stillarbeit		
Zu zweit in einer Reihe leise aufstellen		
Keine Gewalt und keine Beleidigungen! Friedlicher und freundlicher Umgang!		
Hefte, Bücher und andere Materialien schnell und leise ein- und ausräumen		
Leise durch Klasse und Schule! Im Flüsterton mit Mitschülern arbeiten!		

4. Prüfung ______________________

5. Prüfung ______________________
Datum und Unterschrift

Goldener Flüster-Führerschein	6.
Aufzeigen und zuhören	
20 Minuten Stillarbeit	
Zu zweit in einer Reihe leise aufstellen	
Keine Gewalt und keine Beleidigungen! Friedlicher und freundlicher Umgang!	
Hefte, Bücher und andere Materialien schnell und leise ein- und ausräumen	
Leise durch Klasse und Schule! Im Flüsterton mit Mitschülern arbeiten!	
Stuhl und Tisch leise tragen, hoch- und herunterstellen	
a) Gesprächs- und Verhaltensregeln b) Was tun bei Lärm und Gewalt?	

6. Prüfung ______________________
Datum und Unterschrift

Flüster-Führerschein

____
Name

Bronzener Flüster-Führerschein	1.	2.	3.
Aufzeigen und zuhören			
10 Minuten Stillarbeit			
Zu zweit in einer Reihe leise aufstellen			
Keine Gewalt und keine Beleidigungen! Friedlicher und freundlicher Umgang!			

1. Prüfung ______________________

2. Prüfung ______________________

3. Prüfung ______________________
Datum und Unterschrift

Silberner Flüster-Führerschein	4.	5.
Aufzeigen und zuhören		
15 Minuten Stillarbeit		
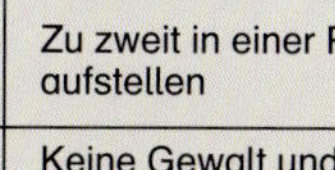 Zu zweit in einer Reihe leise aufstellen		
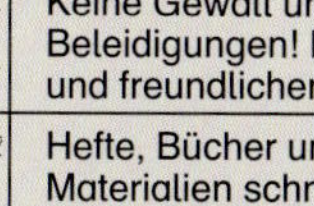 Keine Gewalt und keine Beleidigungen! Friedlicher und freundlicher Umgang!		
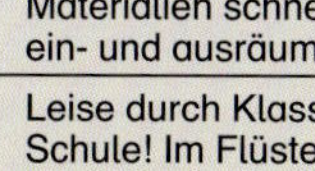 Hefte, Bücher und andere Materialien schnell und leise ein- und ausräumen		
Leise durch Klasse und Schule! Im Flüsterton mit Mitschülern arbeiten!		

4. Prüfung ______________________

5. Prüfung ______________________
Datum und Unterschrift

Goldener Flüster-Führerschein	6.
Aufzeigen und zuhören	
20 Minuten Stillarbeit	
Zu zweit in einer Reihe leise aufstellen	
Keine Gewalt und keine Beleidigungen! Friedlicher und freundlicher Umgang!	
Hefte, Bücher und andere Materialien schnell und leise ein- und ausräumen	
Leise durch Klasse und Schule! Im Flüsterton mit Mitschülern arbeiten!	
Stuhl und Tisch leise tragen, hoch- und herunterstellen	
a) Gesprächs- und Verhaltensregeln b) Was tun bei Lärm und Gewalt?	

6. Prüfung ______________________

Datum und Unterschrift

Flüster-Führerschein

____

Name

Bronzener Flüster-Führerschein	1.	2.	3.
Aufzeigen und zuhören			
10 Minuten Stillarbeit			
Zu zweit in einer Reihe leise aufstellen			
Keine Gewalt und keine Beleidigungen! Friedlicher und freundlicher Umgang!			

1. Prüfung ______________________

2. Prüfung ______________________

3. Prüfung ______________________

Datum und Unterschrift

Silberner Flüster-Führerschein	4.	5.
Aufzeigen und zuhören		
15 Minuten Stillarbeit		
Zu zweit in einer Reihe leise aufstellen		
Keine Gewalt und keine Beleidigungen! Friedlicher und freundlicher Umgang!		
Hefte, Bücher und andere Materialien schnell und leise ein- und ausräumen		
Leise durch Klasse und Schule! Im Flüsterton mit Mitschülern arbeiten!		

4. Prüfung ______________________

5. Prüfung ______________________

Datum und Unterschrift

Goldener Flüster-Führerschein	6.
Aufzeigen und zuhören	
20 Minuten Stillarbeit	
Zu zweit in einer Reihe leise aufstellen	
Keine Gewalt und keine Beleidigungen! Friedlicher und freundlicher Umgang!	
Hefte, Bücher und andere Materialien schnell und leise ein- und ausräumen	
Leise durch Klasse und Schule! Im Flüsterton mit Mitschülern arbeiten!	
Stuhl und Tisch leise tragen, hoch- und herunterstellen	
a) Gesprächs- und Verhaltensregeln b) Was tun bei Lärm und Gewalt?	

6. Prüfung ______________________

Datum und Unterschrift

Flüster-Führerschein

____

Name

Bronzener Flüster-Führerschein	1.	2.	3.
Aufzeigen und zuhören			
10 Minuten Stillarbeit			
Zu zweit in einer Reihe leise aufstellen			
Keine Gewalt und keine Beleidigungen! Friedlicher und freundlicher Umgang!			

1. Prüfung ______________________

2. Prüfung ______________________

3. Prüfung ______________________

Datum und Unterschrift

© Brigg Verlag KG, Friedberg · Best.Nr. 096 (Buch), 102 (Führerscheine)

Silberner Flüster-Führerschein	4.	5.
Aufzeigen und zuhören		
15 Minuten Stillarbeit		
Zu zweit in einer Reihe leise aufstellen		
Keine Gewalt und keine Beleidigungen! Friedlicher und freundlicher Umgang!		
Hefte, Bücher und andere Materialien schnell und leise ein- und ausräumen		
Leise durch Klasse und Schule! Im Flüsterton mit Mitschülern arbeiten!		

4. Prüfung ______________________

5. Prüfung ______________________

Datum und Unterschrift

Goldener Flüster-Führerschein	6.
Aufzeigen und zuhören	
20 Minuten Stillarbeit	
Zu zweit in einer Reihe leise aufstellen	
Keine Gewalt und keine Beleidigungen! Friedlicher und freundlicher Umgang!	
Hefte, Bücher und andere Materialien schnell und leise ein- und ausräumen	
Leise durch Klasse und Schule! Im Flüsterton mit Mitschülern arbeiten!	
Stuhl und Tisch leise tragen, hoch- und herunterstellen	
a) Gesprächs- und Verhaltensregeln b) Was tun bei Lärm und Gewalt?	

6. Prüfung ____________
Datum und Unterschrift

Flüster-Führerschein

____
Name

Bronzener Flüster-Führerschein	1.	2.	3.
Aufzeigen und zuhöron			
10 Minuten Stillarbeit			
Zu zweit in einer Reihe leise aufstellen			
Keine Gewalt und keine Beleidigungen! Friedlicher und freundlicher Umgang!			

1. Prüfung ____________
2. Prüfung ____________
3. Prüfung ____________
Datum und Unterschrift

Silberner Flüster-Führerschein	4.	5.
Aufzeigen und zuhören		
15 Minuten Stillarbeit		
Zu zweit in einer Reihe leise aufstellen		
Keine Gewalt und keine Beleidigungen! Friedlicher und freundlicher Umgang!		
Hefte, Bücher und andere Materialien schnell und leise ein- und ausräumen		
Leise durch Klasse und Schule! Im Flüsterton mit Mitschülern arbeiten!		

4. Prüfung ____________
5. Prüfung ____________
Datum und Unterschrift

Goldener Flüster-Führerschein	6.
Aufzeigen und zuhören	
20 Minuten Stillarbeit	
Zu zweit in einer Reihe leise aufstellen	
Keine Gewalt und keine Beleidigungen! Friedlicher und freundlicher Umgang!	
Hefte, Bücher und andere Materialien schnell und leise ein- und ausräumen	
Leise durch Klasse und Schule! Im Flüsterton mit Mitschülern arbeiten!	
Stuhl und Tisch leise tragen, hoch- und herunterstellen	
a) Gesprächs- und Verhaltensregeln b) Was tun bei Lärm und Gewalt?	

6. Prüfung ____________
Datum und Unterschrift

Flüster-Führerschein

____
Name

Bronzener Flüster-Führerschein	1.	2.	3.
Aufzeigen und zuhören			
10 Minuten Stillarbeit			
Zu zweit in einer Reihe leise aufstellen			
Keine Gewalt und keine Beleidigungen! Friedlicher und freundlicher Umgang!			

1. Prüfung ____________
2. Prüfung ____________
3. Prüfung ____________
Datum und Unterschrift

© Brigg Verlag KG, Friedberg · Best.Nr. 096 (Buch), 102 (Führerscheine)

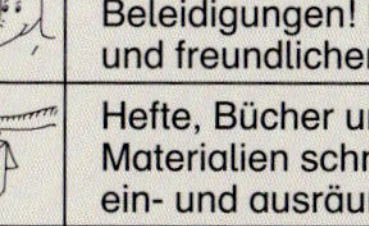

Silberner Flüster-Führerschein	4.	5.
Aufzeigen und zuhören		
15 Minuten Stillarbeit		
Zu zweit in einer Reihe leise aufstellen		
Keine Gewalt und keine Beleidigungen! Friedlicher und freundlicher Umgang!		
Hefte, Bücher und andere Materialien schnell und leise ein- und ausräumen		
Leise durch Klasse und Schule! Im Flüsterton mit Mitschülern arbeiten!		

4. Prüfung ____________
5. Prüfung ____________
Datum und Unterschrift

Goldener Flüster-Führerschein	6.
Aufzeigen und zuhören	
20 Minuten Stillarbeit	
Zu zweit in einer Reihe leise aufstellen	
Keine Gewalt und keine Beleidigungen! Friedlicher und freundlicher Umgang!	
Hefte, Bücher und andere Materialien schnell und leise ein- und ausräumen	
Leise durch Klasse und Schule! Im Flüsterton mit Mitschülern arbeiten!	
Stuhl und Tisch leise tragen, hoch- und herunterstellen	
a) Gesprächs- und Verhaltensregeln b) Was tun bei Lärm und Gewalt?	

6. Prüfung ______________

Datum und Unterschrift

Flüster-Führerschein

____

Name

Bronzener Flüster-Führerschein	1.	2.	3.
Aufzeigen und zuhören			
10 Minuten Stillarbeit			
Zu zweit in einer Reihe leise aufstellen			
Keine Gewalt und keine Beleidigungen! Friedlicher und freundlicher Umgang!			

1. Prüfung ______________

2. Prüfung ______________

3. Prüfung ______________

Datum und Unterschrift

Silberner Flüster-Führerschein	4.	5.
Aufzeigen und zuhören		
15 Minuten Stillarbeit		
Zu zweit in einer Reihe leise aufstellen		
Keine Gewalt und keine Beleidigungen! Friedlicher und freundlicher Umgang!		
Hefte, Bücher und andere Materialien schnell und leise ein- und ausräumen		
Leise durch Klasse und Schule! Im Flüsterton mit Mitschülern arbeiten!		

4. Prüfung ______________

5. Prüfung ______________

Datum und Unterschrift

Goldener Flüster-Führerschein	6.
Aufzeigen und zuhören	
20 Minuten Stillarbeit	
Zu zweit in einer Reihe leise aufstellen	
Keine Gewalt und keine Beleidigungen! Friedlicher und freundlicher Umgang!	
Hefte, Bücher und andere Materialien schnell und leise ein- und ausräumen	
Leise durch Klasse und Schule! Im Flüsterton mit Mitschülern arbeiten!	
Stuhl und Tisch leise tragen, hoch- und herunterstellen	
a) Gesprächs- und Verhaltensregeln b) Was tun bei Lärm und Gewalt?	

6. Prüfung ______________

Datum und Unterschrift

Flüster-Führerschein

____

Name

Bronzener Flüster-Führerschein	1.	2.	3.
Aufzeigen und zuhören			
10 Minuten Stillarbeit			
Zu zweit in einer Reihe leise aufstellen			
Keine Gewalt und keine Beleidigungen! Friedlicher und freundlicher Umgang!			

1. Prüfung ______________

2. Prüfung ______________

3. Prüfung ______________

Datum und Unterschrift

© Brigg Verlag KG, Friedberg · Best.Nr. 096 (Buch), 102 (Führerscheine)

Silberner Flüster-Führerschein	4.	5.
Aufzeigen und zuhören		
15 Minuten Stillarbeit		
Zu zweit in einer Reihe leise aufstellen		
Keine Gewalt und keine Beleidigungen! Friedlicher und freundlicher Umgang!		
Hefte, Bücher und andere Materialien schnell und leise ein- und ausräumen		
Leise durch Klasse und Schule! Im Flüsterton mit Mitschülern arbeiten!		

4. Prüfung ______________

5. Prüfung ______________

Datum und Unterschrift

Goldener Flüster-Führerschein	6.
Aufzeigen und zuhören	
20 Minuten Stillarbeit	
Zu zweit in einer Reihe leise aufstellen	
Keine Gewalt und keine Beleidigungen! Friedlicher und freundlicher Umgang!	
Hefte, Bücher und andere Materialien schnell und leise ein- und ausräumen	
Leise durch Klasse und Schule! Im Flüsterton mit Mitschülern arbeiten!	
Stuhl und Tisch leise tragen, hoch- und herunterstellen	
a) Gesprächs- und Verhaltensregeln b) Was tun bei Lärm und Gewalt?	

6. Prüfung ____________

Datum und Unterschrift

Flüster-Führerschein

____

Name

Bronzener Flüster-Führerschein	1.	2.	3.
Aufzeigen und zuhören			
10 Minuten Stillarbeit			
Zu zweit in einer Reihe leise aufstellen			
Keine Gewalt und keine Beleidigungen! Friedlicher und freundlicher Umgang!			

1. Prüfung ____________

2. Prüfung ____________

3. Prüfung ____________

Datum und Unterschrift

Silberner Flüster-Führerschein	4.	5.
Aufzeigen und zuhören		
15 Minuten Stillarbeit		
Zu zweit in einer Reihe leise aufstellen		
Keine Gewalt und keine Beleidigungen! Friedlicher und freundlicher Umgang!		
Hefte, Bücher und andere Materialien schnell und leise ein- und ausräumen		
Leise durch Klasse und Schule! Im Flüsterton mit Mitschülern arbeiten!		

4. Prüfung ____________

5. Prüfung ____________

Datum und Unterschrift

Goldener Flüster-Führerschein	6.
Aufzeigen und zuhören	
20 Minuten Stillarbeit	
Zu zweit in einer Reihe leise aufstellen	
Keine Gewalt und keine Beleidigungen! Friedlicher und freundlicher Umgang!	
Hefte, Bücher und andere Materialien schnell und leise ein- und ausräumen	
Leise durch Klasse und Schule! Im Flüsterton mit Mitschülern arbeiten!	
Stuhl und Tisch leise tragen, hoch- und herunterstellen	
a) Gesprächs- und Verhaltensregeln b) Was tun bei Lärm und Gewalt?	

6. Prüfung ____________

Datum und Unterschrift

Flüster-Führerschein

____

Name

Bronzener Flüster-Führerschein	1.	2.	3.
Aufzeigen und zuhören			
10 Minuten Stillarbeit			
Zu zweit in einer Reihe leise aufstellen			
Keine Gewalt und keine Beleidigungen! Friedlicher und freundlicher Umgang!			

1. Prüfung ____________

2. Prüfung ____________

3. Prüfung ____________

Datum und Unterschrift

© Brigg Verlag KG, Friedberg · Best.Nr. 096 (Buch), 102 (Führerscheine)

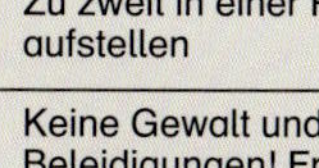
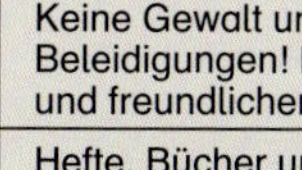
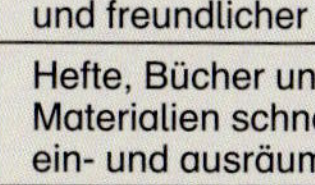

Silberner Flüster-Führerschein	4.	5.
Aufzeigen und zuhören		
15 Minuten Stillarbeit		
Zu zweit in einer Reihe leise aufstellen		
Keine Gewalt und keine Beleidigungen! Friedlicher und freundlicher Umgang!		
Hefte, Bücher und andere Materialien schnell und leise ein- und ausräumen		
Leise durch Klasse und Schule! Im Flüsterton mit Mitschülern arbeiten!		

4. Prüfung ____________

5. Prüfung ____________

Datum und Unterschrift

Goldener Flüster-Führerschein	6.
Aufzeigen und zuhören	
20 Minuten Stillarbeit	
Zu zweit in einer Reihe leise aufstellen	
Keine Gewalt und keine Beleidigungen! Friedlicher und freundlicher Umgang!	
Hefte, Bücher und andere Materialien schnell und leise ein- und ausräumen	
Leise durch Klasse und Schule! Im Flüsterton mit Mitschülern arbeiten!	
Stuhl und Tisch leise tragen, hoch- und herunterstellen	
a) Gesprächs- und Verhaltensregeln b) Was tun bei Lärm und Gewalt?	

6. Prüfung ____________

Datum und Unterschrift

Flüster-Führerschein

____

Name

Bronzener Flüster-Führerschein	1.	2.	3.
Aufzeigen und zuhören			
10 Minuten Stillarbeit			
Zu zweit in einer Reihe leise aufstellen			
Keine Gewalt und keine Beleidigungen! Friedlicher und freundlicher Umgang!			

1. Prüfung ____________

2. Prüfung ____________

3. Prüfung ____________

Datum und Unterschrift

Silberner Flüster-Führerschein	4.	5.
Aufzeigen und zuhören		
15 Minuten Stillarbeit		
Zu zweit in einer Reihe leise aufstellen		
Keine Gewalt und keine Beleidigungen! Friedlicher und freundlicher Umgang!		
Hefte, Bücher und andere Materialien schnell und leise ein- und ausräumen		
Leise durch Klasse und Schule! Im Flüsterton mit Mitschülern arbeiten!		

4. Prüfung ____________

5. Prüfung ____________

Datum und Unterschrift

Goldener Flüster-Führerschein	6.
Aufzeigen und zuhören	
20 Minuten Stillarbeit	
Zu zweit in einer Reihe leise aufstellen	
Keine Gewalt und keine Beleidigungen! Friedlicher und freundlicher Umgang!	
Hefte, Bücher und andere Materialien schnell und leise ein- und ausräumen	
Leise durch Klasse und Schule! Im Flüsterton mit Mitschülern arbeiten!	
Stuhl und Tisch leise tragen, hoch- und herunterstellen	
a) Gesprächs- und Verhaltensregeln b) Was tun bei Lärm und Gewalt?	

6. Prüfung ____________

Datum und Unterschrift

Flüster-Führerschein

____

Name

Bronzener Flüster-Führerschein	1.	2.	3.
Aufzeigen und zuhören			
10 Minuten Stillarbeit			
Zu zweit in einer Reihe leise aufstellen			
Keine Gewalt und keine Beleidigungen! Friedlicher und freundlicher Umgang!			

1. Prüfung ____________

2. Prüfung ____________

3. Prüfung ____________

Datum und Unterschrift

© Brigg Verlag KG, Friedberg · Best.Nr. 096 (Buch), 102 (Führerscheine)

Silberner Flüster-Führerschein	4.	5.
Aufzeigen und zuhören		
15 Minuten Stillarbeit		
Zu zweit in einer Reihe leise aufstellen		
Keine Gewalt und keine Beleidigungen! Friedlicher und freundlicher Umgang!		
Hefte, Bücher und andere Materialien schnell und leise ein- und ausräumen		
Leise durch Klasse und Schule! Im Flüsterton mit Mitschülern arbeiten!		

4. Prüfung ____________

5. Prüfung ____________

Datum und Unterschrift

	Goldener Flüster-Führerschein	6.
	Aufzeigen und zuhören	
	20 Minuten Stillarbeit	
	Zu zweit in einer Reihe leise aufstellen	
	Keine Gewalt und keine Beleidigungen! Friedlicher und freundlicher Umgang!	
	Hefte, Bücher und andere Materialien schnell und leise ein- und ausräumen	
	Leise durch Klasse und Schule! Im Flüsterton mit Mitschülern arbeiten!	
	Stuhl und Tisch leise tragen, hoch- und herunterstellen	
	a) Gesprächs- und Verhaltensregeln b) Was tun bei Lärm und Gewalt?	

6. Prüfung ______________________

Datum und Unterschrift

Flüster-Führerschein

____

Name

	Bronzener Flüster-Führerschein	1.	2.	3.
	Aufzeigen und zuhören			
	10 Minuten Stillarbeit			
	Zu zweit in einer Reihe leise aufstellen			
	Keine Gewalt und keine Beleidigungen! Friedlicher und freundlicher Umgang!			

1. Prüfung ______________________

2. Prüfung ______________________

3. Prüfung ______________________

Datum und Unterschrift

	Silberner Flüster-Führerschein	4.	5.
	Aufzeigen und zuhören		
	15 Minuten Stillarbeit		
	Zu zweit in einer Reihe leise aufstellen		
	Keine Gewalt und keine Beleidigungen! Friedlicher und freundlicher Umgang!		
	Hefte, Bücher und andere Materialien schnell und leise ein- und ausräumen		
	Leise durch Klasse und Schule! Im Flüsterton mit Mitschülern arbeiten!		

4. Prüfung ______________________

5. Prüfung ______________________

Datum und Unterschrift

	Goldener Flüster-Führerschein	6.
	Aufzeigen und zuhören	
	20 Minuten Stillarbeit	
	Zu zweit in einer Reihe leise aufstellen	
	Keine Gewalt und keine Beleidigungen! Friedlicher und freundlicher Umgang!	
	Hefte, Bücher und andere Materialien schnell und leise ein- und ausräumen	
	Leise durch Klasse und Schule! Im Flüsterton mit Mitschülern arbeiten!	
	Stuhl und Tisch leise tragen, hoch- und herunterstellen	
	a) Gesprächs- und Verhaltensregeln b) Was tun bei Lärm und Gewalt?	

6. Prüfung ______________________

Datum und Unterschrift

Flüster-Führerschein

____

Name

	Bronzener Flüster-Führerschein	1.	2.	3.
	Aufzeigen und zuhören			
	10 Minuten Stillarbeit			
	Zu zweit in einer Reihe leise aufstellen			
	Keine Gewalt und keine Beleidigungen! Friedlicher und freundlicher Umgang!			

1. Prüfung ______________________

2. Prüfung ______________________

3. Prüfung ______________________

Datum und Unterschrift

	Silberner Flüster-Führerschein	4.	5.
	Aufzeigen und zuhören		
	15 Minuten Stillarbeit		
	Zu zweit in einer Reihe leise aufstellen		
	Keine Gewalt und keine Beleidigungen! Friedlicher und freundlicher Umgang!		
	Hefte, Bücher und andere Materialien schnell und leise ein- und ausräumen		
	Leise durch Klasse und Schule! Im Flüsterton mit Mitschülern arbeiten!		

4. Prüfung ______________________

5. Prüfung ______________________

Datum und Unterschrift

Goldener Flüster-Führerschein	6.
Aufzeigen und zuhören	
20 Minuten Stillarbeit	
Zu zweit in einer Reihe leise aufstellen	
Keine Gewalt und keine Beleidigungen! Friedlicher und freundlicher Umgang!	
Hefte, Bücher und andere Materialien schnell und leise ein- und ausräumen	
Leise durch Klasse und Schule! Im Flüsterton mit Mitschülern arbeiten!	
Stuhl und Tisch leise tragen, hoch- und herunterstellen	
a) Gesprächs- und Verhaltensregeln b) Was tun bei Lärm und Gewalt?	

6. Prüfung ______________

Datum und Unterschrift

Flüster-Führerschein

____

Name

Bronzener Flüster-Führerschein	1.	2.	3.
Aufzeigen und zuhören			
10 Minuten Stillarbeit			
Zu zweit in einer Reihe leise aufstellen			
Keine Gewalt und keine Beleidigungen! Friedlicher und freundlicher Umgang!			

1. Prüfung ______________

2. Prüfung ______________

3. Prüfung ______________

Datum und Unterschrift

Silberner Flüster-Führerschein	4.	5.
Aufzeigen und zuhören		
15 Minuten Stillarbeit		
Zu zweit in einer Reihe leise aufstellen		
Keine Gewalt und keine Beleidigungen! Friedlicher und freundlicher Umgang!		
Hefte, Bücher und andere Materialien schnell und leise ein- und ausräumen		
Leise durch Klasse und Schule! Im Flüsterton mit Mitschülern arbeiten!		

4. Prüfung ______________

5. Prüfung ______________

Datum und Unterschrift

Goldener Flüster-Führerschein	6.
Aufzeigen und zuhören	
20 Minuten Stillarbeit	
Zu zweit in einer Reihe leise aufstellen	
Keine Gewalt und keine Beleidigungen! Friedlicher und freundlicher Umgang!	
Hefte, Bücher und andere Materialien schnell und leise ein- und ausräumen	
Leise durch Klasse und Schule! Im Flüsterton mit Mitschülern arbeiten!	
Stuhl und Tisch leise tragen, hoch- und herunterstellen	
a) Gesprächs- und Verhaltensregeln b) Was tun bei Lärm und Gewalt?	

6. Prüfung ______________

Datum und Unterschrift

Flüster-Führerschein

____

Name

Bronzener Flüster-Führerschein	1.	2.	3.
Aufzeigen und zuhören			
10 Minuten Stillarbeit			
Zu zweit in einer Reihe leise aufstellen			
Keine Gewalt und keine Beleidigungen! Friedlicher und freundlicher Umgang!			

1. Prüfung ______________

2. Prüfung ______________

3. Prüfung ______________

Datum und Unterschrift

© Brigg Verlag KG, Friedberg · Best.Nr. 096 (Buch), 102 (Führerscheine)

Silberner Flüster-Führerschein	4.	5.
Aufzeigen und zuhören		
15 Minuten Stillarbeit		
Zu zweit in einer Reihe leise aufstellen		
Keine Gewalt und keine Beleidigungen! Friedlicher und freundlicher Umgang!		
Hefte, Bücher und andere Materialien schnell und leise ein- und ausräumen		
Leise durch Klasse und Schule! Im Flüsterton mit Mitschülern arbeiten!		

4. Prüfung ______________

5. Prüfung ______________

Datum und Unterschrift